AF238527

CARSTEN UND FRANK LOGEMANN • GARNELEN-FIBEL

Carsten und Frank Logemann

Garnelen-Fibel

Süßwassergarnelen für Anfänger und Fortgeschrittene

8. Auflage

Dähne Verlag

Zeichnungen: Jens Kirsch, Carsten und Frank Logemann
Alle Fotos, außer den besonders gekennzeichneten, sind von den Autoren.

Bibliografische Information der Deutschen Bibliothek

Die Deutsche Bibliothek verzeichnet diese Publikation in der Deutschen
Nationalbibliografie; detaillierte bibliografische Daten sind im Internet
über http://dnb.dnb.de abrufbar.

ISBN 978-3-935175-38-8
© 2007 Dähne Verlag GmbH, Postfach 10 02 50, D-76256 Ettlingen
8. Auflage, 2024

Druck: Grafisches Centrum Cuno GmbH & Co. KG
Printed in Germany

Inhalt

Vorwort

Mit dieser Fibel möchten wir Ihnen die agilen und putzigen Gesellen, die sich in der Aquaristik immer größer werdender Beliebtheit erfreuen, ein wenig näher bringen. Wir, das sind die Brüder Frank und Carsten Logemann, die sich seit vielen Jahren den kleinen Krabblern verschrieben haben. Zum Dank für unser Engagement wurde sogar die Bienengarnele nach uns benannt. Eine Leidenschaft, die uns wohl nicht mehr loslässt, und wir haben volles Verständnis für jeden, dem es genauso geht.

Die aquaristische Geschichte der Süßwassergarnelen begann Ende der 1980er-Jahre, als hin und wieder vereinzelte Tiere, als sogenannter Beifang zu Aquarienfischen, bei den Händlern auftauchten. Lange Zeit blieben sie aber weitgehend unbeachtet, bis man ihre Vorliebe für Algen erkannte. Dies ließ die Nachfrage algengeplagter Aquarianer sprunghaft ansteigen und als dann noch ihr interessantes Verhalten entdeckt wurde, war der Garnelenboom nicht mehr aufzuhalten. Ihre agile Art, die relativ unkomplizierte Haltung und nicht zuletzt der Einsatz als Gesundheitspolizei, machten sie zu einer absoluten Bereicherung für (fast) jedes Aquarium. Es ist

eine Freude, ihnen zuzusehen, wie sie gemeinsam fressen, sich streiten und sich wieder versöhnen. Wer Garnelen einmal ausgiebig beobachtet hat, wird sie in sein Herz schließen.

Mittlerweile ist eine große Anzahl verschiedener Arten in den unterschiedlichsten Farben im Handel. Die Auswahl reicht von blau bis grün, von schwarz bis weiß, von einfarbig bis getigert. Selbst rot-weiß gestreifte sind zu finden. Viele haben klangvolle Namen wie z.B. die Kristallrote Zwerggarnele „Crystal Red", oder die Schwarze Tigergarnele „Black Tiger". Ein Umstand, der die Auswahl zwar manchmal nicht ganz einfach macht, aber doch für jeden etwas Passendes bereit hält.

Viele Informationen in diesem Buch beruhen auf eigenen Beobachtungen sowie Erfahrungen, die wir unter anderem durch jahrelange Korrespondenz mit Gleichgesinnten sammeln konnten. All denen möchten wir hier an dieser Stelle herzlich danken. Unser Dankeschön geht insbesondere an Chris Lukhaup, der uns einige seiner brillanten Fotos zur Verfügung gestellt hat und an Jens Kirsch für das Entwerfen der putzigen Illustrationen.

Carsten und Frank Logemann

Was sind Garnelen?

Garnelen gehören zu den Crustaceen, also Krebstieren, zu denen auch Krebse und Krabben, sowohl im Süß- als auch im Meerwasser, zählen. Der Garnelenkörper besteht aus zwei Teilen, dem vorderen Kopfbereich *(Cephalothorax)* und dem Hinterteil *(Abdomen)*. Im Kopfpanzer befinden sich alle lebenswichtigen Organe, nur der Darm geht ähnlich einer Wirbelsäule durch den hinteren Teil bis zur Unterseite kurz vor dem Schwanz. Garnelen haben fünf Beinpaare, wobei in der Regel die ersten beiden Paare zu Fresswerkzeugen (Borstenscheren, Zangen, Planktonfächer) ausgebildet sind. Die verbleibenden drei Beinpaare dienen der Fortbewegung am Boden. Zur Fortbewegung im freien Wasser nutzen Garnelen die fünf Schwimmbeinpaare unter dem Hinterleib. Die zwei Antennenpaare sind besonders gut entwickelt und dienen als Tastorgane. Beim Schwimmen wehen diese anmutig im Fahrtwind.

Garnelen wachsen ihr Leben lang und da der Panzer nicht mitwachsen kann, müssen sie sich regelmäßig häuten. Dazu platzt der Panzer an einer „Sollbruchstelle" oben zwischen Kopf und Hinterteil auf und die Garnele befreit sich mit heftigen Bewegungen aus der alten Haut. Bei diesem sogenannten Häutungsprozess ziehen sich die Tiere meist in eine ruhige Ecke des Beckens zurück, da der neue Panzer

Fleischfressende Mooskugel? Vor Wut aus der Haut gefahren? Binnen Sekunden blieb nur eine Geistergarnele zurück, wo eben noch ein ganzes Tier saß... die Welt ist voller Wunder!

Foto: C. Lukhaup

nach der Häutung für kurze Zeit weich und die Garnele sehr verletzlich ist. Die abgestreifte Haut sollte im Becken verbleiben, da sie von den Tieren gefressen wird und eine wichtige Nährstoffquelle ist.

Derjenige, der zum ersten Mal eine leere Hülle im Aquarium liegen sieht, reagiert naturgemäß mit einem großen Schreck und verspürt hektischen Tatendrang, da es wirklich aussieht, als läge ein totes Tier im Becken. Bei genauerer Betrachtung geht der Blutdruck aber schnell wieder auf ein normales Maß zurück. Alles in bester Ordnung: Solange sich Garnelen regelmäßig häuten, geht es ihnen gut.

Gruppenbild – *Caridina logemanni* „Crystal Red".

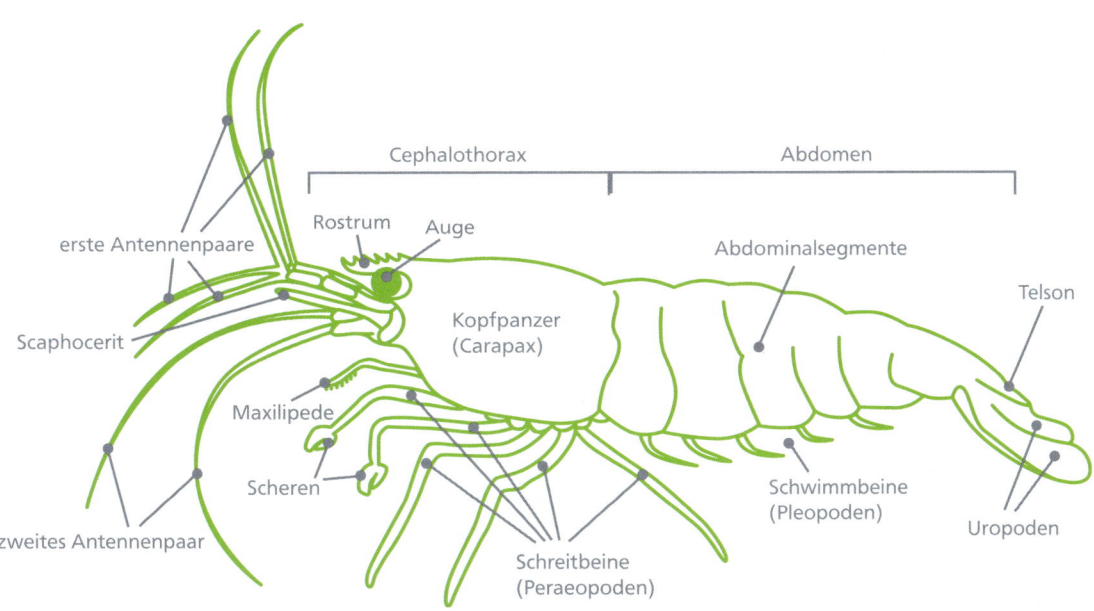

Die bekanntesten Arten

Da es eine Vielzahl von Garnelenarten sowie diverse Unterarten mit sehr verschiedenen Farbschlägen gibt und es den Rahmen dieses Buches sprengen würde, alle aufzuzählen, möchten wir hier die bekanntesten Vertreter der Garnelengruppe vorstellen. Die Ansprüche und Haltungsbedingungen sind aber bis auf wenige Ausnahmen meist relativ ähnlich. Einige Arten, die in den Handel kommen, sind aber wissenschaftlich auch noch nicht vollends erfasst und selbst gänzlich neue Arten tauchen immer wieder bei Importeuren auf. Die eine oder andere Überraschung wird es mit Sicherheit noch geben und man darf gespannt sein, was sich in naher Zukunft noch so hinter unseren Scheiben tummeln mag.

Soso, der Herr, direkt aus Japan also!? Wie ist denn dort das Wetter grad' so?

すみません、わかりません さようなら

11

Bienengarnele
Caridina logemanni „Biene"

Größe:	bis 30 mm
Temp.:	16–29 °C
pH:	5,5–7,5
GH:	4–20° dH
KH:	0–6° dH

Orangefarbene, schwarze und weiße Färbung, die erheblich variieren kann, oft auch farblose Körperstellen. Leicht zu verwechseln mit der Hummelgarnele, der aber die orangefarbenen Anteile fehlen. Die Weibchen werden etwas größer als die Männchen und sehen vom Körperbau auch etwas voluminöser aus. Die Alterserwartung liegt bei ca. zwei Jahren. Bei entsprechenden Wasserwerten (nicht zu hartes Wasser) relativ unproblematisch zu pflegende Art, die regelmäßig bis zu 30, fast vollständig entwickelte, Jungtiere zur Welt bringt. Sie gehört zum sogenannten spezialisierten Typus (s. Seite 74, *Paarung und Vermehrung*). Die Bienengarnele ist, wie fast alle Garnelenarten, ein Allesfresser. Garnelen-Trockenfutter jeglicher Art, Frost- und Lebendfutter (z.B.

Artemia) werden gerne genommen. Auch Blätter von Löwenzahn, Maulbeere, Walnuss, Brennnessel, etc. stehen auf dem Speiseplan. Als Einrichtung im Aquarium bevorzugt sie feinfiedrige Pflanzen, etwas Wurzelholz, wenn möglich Buchen- oder Eichenlaub und Mulmreste am Boden.

Gut zu vergesellschaften ist sie mit kleinen Fischen, die ihr nicht nachstellen. Bei ausreichendem Pflanzenwuchs und Versteckmöglichkeiten im Becken kommen trotz einiger Verluste durch Fische immer noch ein paar Jungtiere durch.

Die Bienengarnele ist eine friedliche Art, die keine Unruhe ins Aquarium bringt. Auch mit artfremden Garnelenarten kommt sie bestens aus. Sie sollte in einer Gruppe von mindestens zehn Stück gehalten werden, da sie kein Einzelkämpfer ist. Bei der Haltung und Pflege mit anderen Zwerggarnelenarten sollte man allerdings bedenken, dass sich die Bienengarnele z.B. mit der Crystal Red und eventuell der Hummel- und Tigergarnele sowie

Caridina logemanni "Black/White" – eiertragend.

Foto: C. Lukhaup

Foto: C. Lukhaup

einigen anderen, hier nicht be-
schriebenen Arten, kreuzen kann.
Das Ergebnis solcher Liebschaften
nennt man Mischlinge, und wer
solche Tiere abgibt, sollte den neu-
en Besitzer darauf hinweisen.

Eine weitere
hübsche Zuchtform
der Bienengarnele
Caridina logemanni
„Biene". Ähnlich
der Hummelgarnele
hat die *Caridina
logemanni* „Black/
White" aber einen
kräftigeren Weiß-
anteil.

13

Kristallrote Bienengarnele

Caridina logemanni „Crystal Red"

Größe:	**bis 30 mm**
Temp.:	**16–29 °C**
pH:	**5,5–7,5**
GH:	**4–20° dH**
KH:	**0–6° dH**

Die Königin unter den Zwerggarnelen. Sehr schön gefärbte rot-weiße Zuchtform der vorher genannten Bienengarnele, die in der Intensität des Weißanteils allerdings erheblich variieren kann. Die „Crystal Red" ist zweifellos eine der beliebtesten und unserer Meinung nach auch schönsten Garnelenarten am Markt. Und da Schönheit leider ihren Preis hat, wird sie auch meist nicht gerade günstig im Handel angeboten. Dabei sehen die Preise von 5,– bis 12,– Euro noch relativ harmlos aus, wenn man sich den japanischen Markt für Hochzuchttiere ansieht. Ähnlich wie Koi-Karpfen für den Gartenteich, werden dort einzelne Tiere für 3000,– (!) Euro und mehr gehandelt. Je höher und dichter der Weißanteil, desto teurer die Garnele. Nicht auszuden-

Die Kristallrote Bienengarnele *Caridina logemanni* „Crystal Red" ist sicher eine der farbenprächtigsten und begehrtesten Zwerggarnelenarten überhaupt.

ken, wenn solch einem Tier etwas geschieht.

Der Körperbau, die Vermehrung sowie die Pflege- und Haltungsansprüche sind mit denen der normalen Bienengarnele vergleichbar. Die bis zu 30 frisch geschlüpften Jungtiere, die das Weibchen entlässt, sind fast perfekte Ebenbilder ihrer Eltern. Selbst bei dem zwei bis drei Tage alten Nachwuchs lässt sich schon gut die charakteristische rotweiße Färbung erkennen. Die Kleinen reagieren sehr empfindlich auf

sich verschlechternde Wasserqualität, sodass ein regelmäßiger Wasserwechsel, wie er selbstverständlich sein sollte, hier unabdingbar ist. In unseren Crystal Red-Becken machen wir einen 20-prozentigen Wasserwechsel alle drei bis vier Tage. Die Babys häuten sich dann regelmäßig und wachsen zügig. Bei Vergesellschaftung mit der normalen Bienengarnele ist zu beachten, dass sich beide Arten untereinander kreuzen und die Nachkommen dann ihre schöne rot-weiße Färbung verlieren.

Shadow Bees

„Taiwan Bees"

Größe:	**bis 30 mm**
Temp.:	**16–29 °C**
pH:	**5–7**
GH:	**4–20° dH**
KH:	**0–4° dH**

Diese Tiere gehören zu den Bienengarnelen und tauchten erstmals bei einem Züchter in Taiwan auf. Sie zeigen sich in der Farbe besonders kräftig, da bei ihnen die Farbpigmentzellen doppelt gelagert sind, Deckfarbe und Unterfarbe, daher auch der Name „Shadow". Dadurch erscheinen die Farben besonders beim Schwarz extrem deckend. Beim Rot gibt es öfter schwarze Stellen in der Unterfarbe, was sie etwas „schmutzig" erscheinen lässt, aber auch diese Farbvariante erfreut sich bei vielen Züchtern großer Beliebtheit. Ursprünglich benennt man bei den Roten und Schwarzen meist zwei weiße Farbmuster, so gibt es z.B. die „Panda", welche einer Black Bee der Klassifizierung K4 entspricht, also schön und gleichmäßig schwarz/weiß gebändert. In Rot heißt diese Farbform „Red Wine". Oder die „King Kong", diese hat nur noch einen dünnen weißen Strich auf dem Rücken sowie die weißen Punkte am Schwanzfächer. In Rot heißt diese Variante „Red Ruby". Weitere Farbformen

Red Shadow

Foto: C. Lukhaup

Blue Bolt

Foto: C. Lukhaup

sind unter den Namen „Blue Bolt" und „Red Bolt" bekannt. Diese zeigen kein weißes Farbmuster und sind flächig gefärbt, wobei die Deckfarbe oft nicht so stark ist und die Unterfarben Rot oder Blau durchscheinen. Mittlerweile gibt es aber viele weitere Farbmuster, da die Shadow Bee bei Züchtern sehr beliebt ist. Dank dieser Tatsache sind die Tiere nun auch in der Haltung einfacher geworden und

mit den Ansprüchen der Red Bee/ Black Bee vergleichbar. Zu Anfang waren sie doch sehr empfindlich und erste Importe nach Deutschland haben oft nicht lange durchgehalten. Ob dies einer Farbmutation oder einer Einkreuzung mit Tigergarnelen geschuldet war, lässt sich leider nicht sagen, da man bisher nicht weiß, ob sie durch Einkreuzung oder Farbmutation entstanden sind.

Hummelgarnele

Caridina cf. *breviata* „Hummel"

Die Hummelgarnele ist farblos oder beige mit drei breiten dunklen Bändern, wobei der Beigeanteil mal mehr oder weniger stark ausgeprägt ist. Ein Rückenstrich, wie er bei einigen anderen Arten typisch ist, fehlt dieser Garnelenart völlig. Die Weibchen, die auch hier wieder etwas größer werden, entlassen regelmäßig bis zu 35 fast vollständig entwickelte Jungtiere. Die Hummelgarnele gehört zum sogenannten spezialisierten Typus (s. Seite 74, *Paarung und Vermehrung*). Sie ist ein Allesfresser und liebt feinfiedrige Pflanzen, Wurzelholz, Laub und Mulmreste am Boden. Eine Vergesellschaftung mit nicht zu großen oder nicht räuberischen Fischen, die die Garnelen in Ruhe lassen, ist problemlos möglich. Die Tiere zeigen, wie fast alle Garnelenarten, keinerlei Aggression gegenüber anderen Aquarienbewohnern.

Größe:	bis 30 mm
Temp.:	16–29 °C
pH:	5,5–7,5
GH:	4–20° dH
KH:	0–6° dH

Hummelgarnele (New Bee), *Caridina* cf. *breviata* „Hummel".

Foto: C. Lukhaup

Sie sind sehr gesellig und mögen es, viele Artgenossen um sich zu haben. Die Hummelgarnele kann leicht mit der Bienengarnele verwechselt werden. Ihr fehlen aber die orangefarbenen Anteile in der Körperzeichnung der Bienengarnele.

Bei der Vergesellschaftung mit anderen Garnelenarten sollte auch hier wieder darauf geachtet werden, dass sich die Hummel z.B. mit Crystal Red-, Bienen- oder Tigergarnele eventuell kreuzen kann. Bei den Nachkommen handelt es sich dann um Mischlinge und die schönen Zeichnungen der Eltern gehen möglicherweise verloren.

Tigergarnele

Caridina mariae

Größe:	bis 30 mm
Temp.:	16–29 °C
pH:	5,5–8
GH:	4–25° dH
KH:	0–10° dH

Wie der Handelsname dieser Zwerggarnelenart bereits vermuten lässt, zeichnet sich die *Caridina mariae* durch ein charakteristisches Tigermuster auf der Körperseite aus. Meist sind es fünf bis sechs dunkle Querstreifen, manchmal auch in Verbindung mit einem helleren Rückenstrich.

Auch bei dieser Art werden die Weibchen etwas größer und wirken massiger als die Männchen. Die Lebenserwartung der Tiere beträgt ebenfalls ungefähr zwei Jahre und bei guter Pflege erblicken regelmäßig bis zu 35 fast vollständig entwickelte Jungtiere das Licht der Welt.

Auch sie ist ein Allesfresser, die ein unaufgeräumtes Becken liebt und stets ein friedliches Wesen an den Tag legt. Manchmal zeigen die Tiere einige Anlaufschwierigkeiten, aber nach einer Zeit der Eingewöhnung sind sie eine unproblematisch zu pflegende Art. Aus der Linie der Tigergarnelen stammt die „Blue Tiger", die oft mit hellen Augen und einer schönen Blaufärbung daher kommt und die sogenannte „Black Tiger", eine Tigergarnele, bei der die dunklen Streifen sich über die gesamte Breite des Körpers ausgedehnt haben und die daher komplett schwarz erscheint. Im Zoofachhandel dürfte sich diese ansprechende Art zur Zeit aber kaum

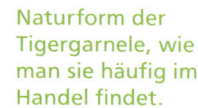

Naturform der Tigergarnele, wie man sie häufig im Handel findet.

Blaue Zuchtform:
Caridina mariae
„Blue Tiger".

Foto: C. Lukhaup

finden, da sie nur von wenigen privaten Züchtern gepflegt wird. Mit viel Glück hat man ja bei seinen Jungtieren einmal eine solche oder ähnliche Farbvariante dabei.

Caridina mariae
– Farbvariante.

Foto: C. Lukhaup

Red Fire-Garnele

Neocaridina davidi
var. „Red"

Die „Red Fire" oder auch „Red Cherry"-Garnele genannte Art wird sehr häufig im Handel angeboten. Manchmal allerdings auch fälschlicherweise als „Crystal Red" und (leider) dann auch zu deren deutlich höheren Preis. Ein genauer Blick ist daher angebracht. Den „Red Fire"-Garnelen fehlt der Weißanteil, der die „Crystal Red" auszeichnet. Sie sind blass bis intensiv rot gefärbt (je nach Stimmungslage und Nahrungsangebot), wobei die Weibchen, die auch hier wieder etwas größer werden als die Männchen, meist auch deutlich intensiver gefärbt sind als die oft blasseren Männchen. Bei eiertragenden Weibchen kann die Färbung manchmal noch intensiver werden. Auch ein heller Rückenstrich ist nicht ungewöhnlich.

Die „Red Fire" ist eine relativ einfach und unproblematisch zu pfle-

Größe:	bis 30 mm
Temp.:	14–29 °C
pH:	5,5–8,5
GH:	3–28° dH
KH:	0–15° dH

Foto: C. Lukhaup

Neocaridina davidi var. „Red" (Red Fire) – eiertragend.

Foto: C. Lukhaup

gende Art, die den Aquarianer regelmäßig mit bis zu 40 Jungtieren erfreut. Die Weibchen lassen sich sehr gut durch den oft deutlich zu erkennenden sogenannten Laichfleck bestimmen. Hinter dem Kopfbereich werden die Eier vorproduziert, bevor sie dann unter den Hinterleib zum Austragen gepresst werden. Am Hinterleib haftend, sind die Eier meist intensiv gelb oder grün gefärbt.

Die „Red Fire" eignet sich für ein Gesellschaftsbecken ebenso, wie alle anderen hier vorgestellten Arten. Mit nicht zu großen Fischen, die die Garnelen nicht als Nahrung betrachten, ist ein friedliches Miteinander problemlos möglich. Die Färbung der Tiere kann man etwas verstärken, wenn man reichlich dunkles Laub ins Becken gibt und die Tiere mit karotinhaltiger Nahrung, z.B. Spirulinatabs, füttert. Die Jungtiere sind am Anfang nahezu durchsichtig und färben sich erst im Laufe der ersten Monate richtig aus.

Farb**formen**

Neocaridina davidi

Sakura-Garnele
Neocaridina davidi
var. "Sakura".

Foto: C. Lukhaup

Blue-Sakura-Garnele
Neocaridina davidi
var. "Blue Fire".

Yellow-Fire-
Garnele
*Neocaridina
davidi* var.
"Yellow".

Foto: C. Lukhaup

Black-Sakura-
Garnele
Neocaridina davidi
var. "Black fire".

Rili-Garnele
Neocaridina davidi var.
"Red Rili".

Blaue-Jelly-Garnele
Neocaridina davidi
var. "Blue Jelly".

Weißperlen-Garnele

Neocaridina palmata var. „White Pearl"

Größe:	**bis 25 mm**
Temp.:	**16–29 °C**
pH:	**5,5–8,5**
GH:	**3–24° dH**
KH:	**0–12° dH**

Die „White Pearl" mit dem unaussprechlichen wissenschaftlichen Namen hat ihren Namen von den schneeweißen Eiern, die die Weibchen tragen. Der Körper ist weißlich mit kaum sichtbarem Rückenstrich, aber ohne Zeichnungsmuster auf der Körperseite. Sie ist eine unproblematische und sehr vermehrungsfreudige Art. Die Weibchen werden etwas größer als die Männchen und bringen in regelmäßigen Abständen bis zu 40 fast vollständig entwickelte Jungtiere zur Welt. Sie gehört zum spezialisierten Typus (s. Seite 74, *Paarung und Vermehrung*). Die Weibchen sind, ähnlich wie bei der „Red Fire", sehr gut durch den hellen und deutlich zu erkennenden Nackenfleck hinter dem Kopfbereich zu bestimmen.

Die *Neocaridina palmata* var. „White Pearl" ist ein Allesfresser. Garnelen-Trockenfutter jeglicher

Eiertragendes Weibchen, bei dem im Nacken bereits die „nächste Ladung" produziert wird (sich bildender Laichfleck).

Foto: C. Lukhaup

Foto: C. Lukhaup

Art, Frost- und Lebendfutter (z. B. Artemia) bis hin zu Blättern von Löwenzahn, Maulbeere, Walnuss, Brennnessel, etc. kann man ihr alles anbieten. Allerdings braucht man in einem Gesellschaftsbecken mit verschiedenen Fischen die Tiere nicht speziell zu füttern. Es fallen in der Regel genügend Futterreste bei der Fischfütterung für sie ab. Dies gilt natürlich auch für alle anderen Zwerggarnelenarten.

Das Becken sollte mit feinfiedrigen Pflanzen oder (Java-)Moos, etwas Wurzelholz und Laub versehen sein. Die Mulmschicht, die sich immer in einem Aquarium am Boden bildet, gilt es hier, sowie auch bei allen anderen Arten, niemals peinlichst genau abzusaugen, da sie den Tieren, besonders dem jungen Nachwuchs, als wichtige Nahrungsquelle dient. Sie scheinen es geradezu zu lieben, in dieser Schicht nach Fressbarem herumzustöbern.

Giftgrüne Garnele

Caridina cf. *babaulti* „Green"

Größe:	**bis 25 mm**
Temp.:	**22–29 °C**
pH:	**6–8**
GH:	**4–20° dH**
KH:	**4–10° dH**

Nicht sehr häufig im Handel angebotene, aber eine überaus variantenreiche Garnelenart. Die Tiere sind in der Lage, ihre Färbung dem Untergrund bzw. der Stimmungslage anzupassen. Die Grundfarbe ist überwiegend grünlich bis kräftig grün, teilweise mit einem hellen Rückenstrich. Aber auch über Braun, Blau bis Orange reichen die Farbvariationen. Wie bei vielen Arten sind die Weibchen kräftiger gefärbt und werden auch etwas größer als die Männchen. Oftmals ist die *Caridina* cf. *babaulti* „Green" etwas schwerer für Nachwuchs zu begeistern als andere Arten. Wenn sie sich dann aber doch entschlossen hat, die Art zu erhalten, entlässt das Weibchen bis zu 50 Jungtiere, wobei der frisch geschlüpfte Nachwuchs, wie bei anderen Arten auch, in den ersten 48 Stunden noch eine Art Larvenstadium durchmachen soll.

Bei dieser Art sind die Weibchen oftmals intensiver gefärbt.

Foto: C. Lukhaup

Die nur ca. einen Millimeter kleinen Junggarnelen leben dann sehr versteckt und sind im Pflanzendickicht kaum aufzuspüren. Erst nach und nach sieht man hin und wieder ein Jungtier an der Scheibe sitzen. Die *Caridina* cf. *babaulti* „Green" ist ebenfalls ein Allesfresser. Sie, und besonders der Nachwuchs, braucht feinfiedrige Pflanzen wie z.B. Javamoos. Die kleinsten Futterreste sowie der mikroskopische Algenaufwuchs sind für alle Jungtiere überlebenswichtig. Aber auch Wurzelholz, Laub und Mulm sorgen für das Wohlbefinden der Tiere. In Vergesellschaftung mit Fischen oder anderen Garnelenarten ist auch sie eine sehr friedliche Art, die keinerlei Aggressionen zeigt, aber oftmals etwas zurückgezogener im Aquarium lebt als andere Arten. Zumindest mag einem Betrachter dies aufgrund des perfekt grünen Tarnkleides so vorkommen. Im Pflanzendschungel ist die ruhig an einem Ort sitzende Garnele kaum zu erblicken.

Amanogarnele

Caridina multidentata
(früher: *Caridina japonica*)

Größe:	max. 55 mm
Temp.:	16–29 °C
pH:	6–8,5
GH:	4–25° dH
KH:	0–15° dH

Wer kennt sie nicht, oder hat zumindest schon einmal von ihr gehört? Weltruhm erlangte sie durch ihren japanischen Namensgeber, den Naturfotografen Takashi Amano, der sie in seinen Becken gegen Algen einsetzte. Und in der Tat, einem Trupp Amanogarnelen im Becken macht kaum jemand etwas vor, wenn es um die Beseitigung und Verhinderung von Algen geht. Vorausgesetzt natürlich, man füttert sie nicht mit allerlei Leckereien, denn wer müht sich schon, die Algen abzuzupfen, wenn ihm der Festtagsbraten in Form von Frostfutter oder Futtertabs jeden Tag serviert wird. Amanogarnelen haben einen transparenten Körper mit dunkler Punkt- bzw. Strichzeichnung an den Körperseiten,

Schönheit auf den zweiten Blick. Amanogarnelen haben eine sehr ansprechende Körperzeichnung.

Foto: C. Lukhaup

anhand derer man Männchen und Weibchen meist auch gut unterscheiden kann. Eine bläuliche oder grünliche Erscheinung ist ebenfalls möglich.

Ihre Alterserwartung liegt mit ca. sechs bis acht Jahren deutlich über der der meisten Zwerggarnelenarten. Auch die Größe mit bis zu 5,5 Zentimetern der Weibchen (Männchen wie so oft etwas kleiner bleibend) unterscheidet sich erheblich. Ein Umstand, den man unbedingt bedenken sollte in einem sehr kleinen Becken. Allerdings sind auch Amanos absolute

Gruppentiere und man sollte sie daher nie nur zu zweit oder dritt halten.

Die *Caridina multidentata* gehört dem primitiven Fortpflanzungstypus (s. Seite 74, *Paarung und Vermehrung*) an, d.h. die Weibchen entlassen keine fertigen Jungtiere, sondern Larven, die frei im Wasser treiben. Die bis zu 2000 (!) Larven, die in der Natur mit der Strömung ins Meer gelangen, müssen im Brack- bzw. Salzwasser aufgezogen werden. Eine überaus arbeitsintensive und heikle Sache für denjenigen, der

Amanogarnelen sind sehr agil und bedingt durch ihre Größe wunderbar zu beobachten. Sie sind ausgesprochene Allesfresser und wie schon erwähnt, äußerst effektiv im Einsatz gegen Algen.

Durch die ausgeprägten Borsten an den Scheren, ihre Größe im Vergleich zu anderen Arten und der Geschwindigkeit, mit der sie Oberflächen abweiden, die wohl effektivste Garnelenart zur Algenbekämpfung. Allerdings wird auch die Amanogarnele eine richtige Algenplage nicht besiegen, hier muss man den Ursachen für ein verstärktes Algenwachstum auf den Grund gehen.

sich einmal darin versuchen möchte. Die Larven reagieren sehr empfindlich auf nicht optimale Bedingungen. Im Süßwasser überleben die Larven nur vier bis fünf Tage.

Hier ist ohne schweres
Gartengerät auch für
Amanos nichts zu machen.

Männchen und
Weibchen lassen sich
neben der Körper-
größe meist auch
gut durch die un-
terschiedliche Punkt-
bzw. Strichzeichnung
auf der Körperseite
unterscheiden.

♀

Strichzeichnung

Laichansatz

♂

Punktzeichnung

Amanogarnelen-
weibchen mit gut
sichtbarem
Laichansatz.

33

Rote Nashorngarnele
Caridina gracilirostris

Charakteristisch für diese Art ist zweifellos das lange, rot gefärbte Rostrum (Nase) der Tiere. Eine eventuell beim Transport abgebrochene Nase wächst bei den nächsten Häutungen Stück für Stück wieder nach. Ansonsten hat die Rote Nashorngarnele einen milchig glasigen Körper, manchmal mit einem rötlichen Schwanzteil und farbiger Seitenlinie. Die *Caridina gracilirostris* gehört ebenso wie die Amanogarnele dem primitiven Vermehrungstypus (s. Seite 74, *Paarung und Vermehrung*) an, d.h. die Weibchen

Größe:	bis 40 mm
Temp.:	22–29 °C
pH:	6–8,5
GH:	4–25° dH
KH:	0–15° dH

Rote Farbform der Nashorngarnele.

Foto: C. Lukhaup

Foto: C. Lukhaup

entlassen keine fertig entwickelten Jungtiere, sondern lediglich Larven (bis zu 1500 Stück), die ins Brack- bzw. Meerwasser überführt und aufgezogen werden müssen.

Nashorngarnelen sind Allesfresser. Besonders Algen und sich zersetzende Pflanzenreste haben es ihnen angetan, aber auch Futtertabletten, Gemüse und Frostfutter werden gerne angenommen. Im Gegensatz zu den schon erwähnten Amanogarnelen vertragen hier auch die Elterntiere Brackwasser und die Lebenserwartung der Nashörner soll bis zu acht Jahre und mehr betragen. Sie lassen sich gut mit anderen kleineren Garnelenarten und Fischen vergesellschaften und legen ein sehr friedliches Verhalten an den Tag.

Fächergarnele
Atyopsis moluccensis

Größe:	**bis 100 mm**
Temp.:	**22–29 °C**
pH:	**6,5–8,5**
GH:	**6–25° dH**
KH:	**4–15° dH**

Über die Fächergarnele, auch Radar- oder Molukkengarnele genannt, ist noch recht wenig bekannt. Die Grundfärbung ist bräunlich-bläulich mit einem hellen Strich über die gesamte Rückenlänge. Die ersten Beinpaare, die bei vielen anderen Garnelenarten als kleine Scheren ausgebildet sind, sind bei der Fächergarnele in Borstenhände umge-

wandelt. Hier werden zur Abwechslung mal die Männchen mit bis zu zehn Zentimetern deutlich größer, als die nur bis sechs Zentimeter großen Weibchen, und die Lebenserwartung ist mit bis zu zehn (!) Jahren sehr hoch.

Fächergarnele, Radargarnele – *Atyopsis moluccensis*.

Foto: C. Lukhaup

Foto: C. Lukhaup

Die friedlich lebende Fächergarnele, die sich auch sehr gut mit anderen Garnelenarten und nicht räuberischen Fischen vergesellschaften lässt, mag auf jeden Fall strömungs- und versteckreiche Becken, da sie mit ihren Borstenfächern aus dem Unterstand heraus feine Nahrungsteilchen aus dem Wasser filtert. Sollte dies nicht zum gewünschten Erfolg führen (bei Nahrungsmangel), sucht sie meist auch emsig den Bodengrund nach verwertbarem Futter ab. Kleine Steinchen und andere Partikel werden dabei mit Hingabe aufgenommen, abgelutscht und wieder ausgespuckt.

Eine Zufütterung mit kleinen Wasserflöhen (Daphnien), Detritus (Mulmreste) oder Spirulinapulver ist auf jeden Fall empfehlenswert. Die Aufzucht der etlichen Hundert Larven, die ebenso wie die Larven der Amanogarnelen Salzwasser zum Heranwachsen benötigen, ist unseres Wissens nach bisher nur in Laborversuchen gelungen. Also eine echte Herausforderung für jeden Fächergarnelenhalter.

Ringelhandgarnele
Macrobrachium assamense

Größe:	**bis 75 mm**
Temp.:	**20–28 °C**
pH:	**6,5–7,5**
GH:	**3–15° dH**
KH:	**1–12° dH**

Die Ringelhandgarnele zeichnet sich durch lange, rotschwarz geringelte Scherenarme aus, die besonders bei den Männchen fast so lang sein können wie der Körper selbst. Wie fast alle *Macrobrachium*-Arten ist auch die Ringelhandgarnele eher räuberisch veranlagt. Lebendfutter wie z.B. Wasserflöhe, Mückenlarven oder zerdrückte Schnecken soll-

ten regelmäßig gefüttert werden. Aber auch Frost- und Trockenfutter aller Art wird von den Tieren gerne angenommen. Hin und wieder kann es bei Vergesellschaftung mit Fischen zu einigen (sehr wenigen) Verlusten unter der Fischbrut bzw.

Ringelhandgarnele
auf einer Wurzel.

Foto: C. Lukhaup

bei kleineren Fischen kommen. Untereinander sind die Tiere überwiegend friedlich, allerdings kommt es bei größerer Besatzdichte zu Rangeleien unter den Tieren. Auch dem eigenen Nachwuchs kann dann vereinzelt nachgestellt werden. Ob auch andere Garnelenarten erbeutet werden, ist nicht genau geklärt. Eventuell im Kampf verlorene Gliedmaßen werden bei den nächsten Häutungen wieder vollständig ersetzt. Die Nachzucht der Ringelhandgarnele ist problemlos im Süß-

wasser möglich. Die im Vergleich zu den Männchen hier etwas kleiner bleibenden Weibchen entlassen nach einer Tragzeit von etwa vier Wochen bis zu fünfzig fertig entwickelte Jungtiere, die sie noch einige Tage in einem Versteck betreuen. Bei ausreichender Fütterung, regelmäßigem Wasserwechsel sowie einem geräumigen Becken wachsen die Jungtiere recht schnell und können bereits nach vier Monaten mit einer Größe von knapp vier Zentimetern geschlechtsreif sein.

Blue Bee (Schoko-Biene)
Paracaridina/Caridina sp. 'Blue Bee'

Größe:	**bis 20 mm**
Temp.:	**16–27 °C**
pH:	**6–7**
GH:	**4–20° dH**
KH:	**0–6° dH**

Ihren Namen verdankt die „Blue Bee" auch „Schoko-Bee" genannt, ihrer ansprechenden, aber nicht allzu aufdringlichen Farbgebung. Von der Musterung ist sie ähnlich der Bienengarnele, zeigt aber eine fast weiße bis beigefarbene Querstreifung. Der Körper ist in der Regel blau-braun, bläulich-lila bis hin zu bräunlich-transparent gefärbt. Diese im Handel bisher relativ selten anzutreffende Art, stammt aus Süd-China und bleibt mit maximal 2 cm bei den Weibchen und 1,5 cm bei den Männchen kleiner als ihre bekannten Vettern, wie z.B. die Bienen- oder Tigergarnelen. Gerade für recht kleine Becken ist sie damit der ideale Besatz. In Gesellschaft vieler Fische, wie z.B. Schwerträger, Guppys, größere Neons o.Ä. fühlt sie sich nicht wirklich wohl und lebt dann zurückgezogen und überwiegend versteckt. Ebenso scheint sie sich auf freien Flächen im Aquarium

Fotos: C. Lukhaup

nicht allzu gerne aufzuhalten, sodass eine ausreichende Bepflanzung,
z.B. mit Moosen, Bodendeckern und
anderen feinfiedrigen Pflanzen, sowie Dekoration mit etwas Laub und
Wurzelholz durchaus angebracht ist.

In der Haltung und Pflege ist die
„Blue Bee" recht unproblematisch
und steht anderen bekannten Arten aus dem südlichen China in
nichts nach. Sie bevorzugt eher etwas weicheres Wasser mit einem
pH-Wert zwischen 6 und 7, wobei
die Temperatur allerdings nicht dau-

erhaft über 27 °C liegen sollte. Sie
ist, wie fast alle Zwerggarnelenarten, ein absoluter Allesfresser, sehr
friedlich und auch die Vermehrung
im Süßwasser ist relativ unkompli-
ziert. Die Eier trägt das Weibchen
etwa drei bis vier Wochen. Wegen
der geringen Größe dieser Art allerdings mit weniger Eiern, als man es
von den meisten anderen Arten her
kennt. Auch ist bei der „Blue Bee"
die Vermehrungsrate längst nicht so
hoch wie z.B. bei der „White Pearl"
oder auch der „Red Fire".

Kardinalsgarnele
Caridina dennerli

Größe:	ca. 15 mm
Temp.:	26–32 °C
pH:	7,8–8,6
GH:	6–12° dH
KH:	4–8° dH

Die Kardinalsgarnele *Caridina dennerli* kommt im Matano See des Malili-Seen-Systems auf der indonesischen Insel Sulawesi vor. Sie lebt dort endemisch, d.h. sie kommt ausschließlich hier vor und hat sich im Laufe ihrer Entwicklungsgeschichte an diese Umweltbedingungen optimal angepasst. In dem Vulkansee, der mit fast 600 Metern Tiefe zu einem der tiefsten Seen der Erde zählt, herrschen das ganze Jahr über nahezu die gleichen Bedingungen. In der ausschließlich steinigen Uferzone mit etwas Totholz, aber ohne nennenswerten Pflanzenwuchs – in denen die Tiere bis in eine Tiefe von 40 Metern vorkommen – liegen die Temperaturen beständig um die 30 °C. Die Gesamthärte beträgt 8

Fotos: C. Lukhaup

Foto: C. Lukhaup

bis 8,5 °dH und Abbaustoffe (Nitrit, Nitrat, Ammonium etc.) sind praktisch nicht nachweisbar. Bei der Gestaltung des Aquariums sollte man darauf ein besonderes Augenmerk haben. Gesellschaft mag die Kardinalsgarnele höchstens in Form von anderen Garnelenarten oder Schnecken aus der Region. Bei zusätzlichem Fischbesatz lebt sie sonst sehr versteckt. Durch die speziellen Bedürfnisse gab es anfangs (nach Erstimport 2008) große Probleme in der Haltung und Nachzucht. Heute ist das, dank engagierter Züchter und deren Nachzuchten, vorbei. Dennoch ist und bleibt die Kardinalsgarnele eine recht anspruchsvolle und empfindliche Art, an die sich besonders Anfänger nicht unbedingt heranwagen sollten.

Wer mit wem?

Die Kreuzungstabelle zeigt, unter welchen der hier vorgestellten Arten eine Kreuzung möglich und bei welchen sie eher unwahrscheinlich ist.

	Bienengarnele	Kristallrote Bienengarnele	Shadow Bees	Hummelgarnele	Tigergarnele	Red Fire-Garnele	Weißperlen-Garnele	Giftgrüne Garnele	Amanogarnele	Rote Nashorngarnele	Fächergarnele	Ringelhandgarnele	Blue Bee	Kardinalsgarnele
Bienengarnele	⚪	🟢	🟢	🔵	🟢	🔴	🔴	🔴	🔴	🔴	🔴	🔴	🔴	🔴
Kristallrote Bienengarnele	🟢	⚪	🟢	🔵	🟢	🔴	🔴	🔴	🔴	🔴	🔴	🔴	🔴	🔴
Shadow Bees	🟢	🟢	⚪	🔴	🟢	🔴	🔴	🔴	🔴	🔴	🔴	🔴	🔴	🔴
Hummelgarnele	🔵	🔵	🔴	⚪	🔵	🔴	🔴	🔴	🔴	🔴	🔴	🔴	🔴	🔴
Tigergarnele	🟢	🟢	🟢	🔵	⚪	🔴	🔴	🔴	🔴	🔴	🔴	🔴	🔴	🔴
Red Fire-Garnele	🔴	🔴	🔴	🔴	🔴	⚪	🟢	🔴	🔴	🔴	🔴	🔴	🔴	🔴
Weißperlen-Garnele	🔴	🔴	🔴	🔴	🔴	🔵	⚪	🔴	🔴	🔴	🔴	🔴	🔴	🔴
Giftgrüne Garnele	🔴	🔴	🔴	🔴	🔴	🔴	🔴	⚪	🔴	🔴	🔴	🔴	🔴	🔴
Amanogarnele	🔴	🔴	🔴	🔴	🔴	🔴	🔴	🔴	⚪	🔴	🔴	🔴	🔴	🔴
Rote Nashorngarnele	🔴	🔴	🔴	🔴	🔴	🔴	🔴	🔴	🔴	⚪	🔴	🔴	🔴	🔴
Fächergarnele	🔴	🔴	🔴	🔴	🔴	🔴	🔴	🔴	🔴	🔴	⚪	🔴	🔴	🔴
Ringelhandgarnele	🔴	🔴	🔴	🔴	🔴	🔴	🔴	🔴	🔴	🔴	🔴	⚪	🔴	🔴
Blue Bee	🔴	🔴	🔴	🔴	🔴	🔴	🔴	🔴	🔴	🔴	🔴	🔴	⚪	🔴
Kardinalsgarnele	🔴	🔴	🔴	🔴	🔴	🔴	🔴	🔴	🔴	🔴	🔴	🔴	🔴	⚪

🟢 Kreuzungen möglich und auch durch Erfahrungsberichte anderer Garnelenzüchter bestätigt.

🔵 Kreuzungen wahrscheinlich möglich, aber gesicherte Erkenntnisse dazu liegen uns nicht vor.

🔴 Kreuzungen unwahrscheinlich bis (artbedingt) unmöglich.

Haltung
und Pflege

Hat man seine Favoriten ausfindig gemacht, sollte man sich, bevor nun die Lieblinge ins Haus geholt werden, ein paar Gedanken machen. Wie sieht es mit der Ver-gesellschaftung mit anderen Bewohnern aus? Welche Beckengröße ist erforderlich und wie viele Tiere sind für den Anfang zu empfehlen?

Hochzucht Crystal Red-Garnele mit sehr hohem Weißanteil.

Kann ich meine Garnelen in Gesellschaft von Fischen und Krebsen halten?

In der Regel ja, es hängt aber sehr stark vom jeweiligen Fischbesatz ab. Auch wenn Garnelen in einem Panzer daherkommen, sind es keine Tiere, die man immer und überall einsetzen kann. Jeder größere Raubfisch ist natürlich kein guter Mitbewohner und so sinkt die Lebenserwartung mancher Garnelen nach dem Einsetzen auf weniger als eine Sekunde.

Auf eine detaillierte Liste mit welchen Fischen oder anderen Bewohnern man Garnelen nun aber gut und mit welchen weniger gut vergesellschaften kann, verzichten wir hier aus gutem Grunde. Zu unterschiedlich sind die Erfahrungen und offenbar kann man es nicht genau definieren. Was bei dem einen ohne Probleme geht, scheint dem anderen Kopfschmerzen zu bereiten. Wir haben selbst schon Becken gesehen, in denen Garnelen auf freier Fläche rumspazierten, während direkt über ihnen ein Schwarm Diskusfische seine Bahnen zog. Das Gleiche wäre aber wohl unserer Meinung nach mit Skalaren nicht möglich, denn genau die konnten wir schon beobachten, wie sie es locker unter der besagten Sekunde schafften.

Auch bei der Vergesellschaftung mit Krebsen gibt es widersprüchliche Erfahrungen. Während wir selbst ein Becken mit Zwerggarnelen und *Cambarellus patzcuarensis* sp. „Orange" betrieben haben, in dem wir keinerlei Probleme feststellen konnten, erreichten uns hin und wieder Nachrichten, dass die Krebse räuberisch auf Garnelen losgehen sollen. Unsere waren harmlos wie ein Wattebausch.

Generell kann man sagen, dass sich Garnelen in den meisten Gesellschaftsbecken sehr gut eingewöhnen und es macht ihnen nach einiger Zeit auch nichts mehr aus, wenn Panzerwelse ihren Weg kreuzen, oder sich ein Schwarm Neons neugierig nähert. Selbst wenn ein Fisch versucht, ihnen das grade geschnappte Futter streitig zu machen, lassen sie sich daran lieber durchs ganze Becken ziehen als loszulassen. Solch ein freies Herumkrabbeln kann aber seine Zeit dauern und manchmal braucht es ein paar Wochen, bis sich die Tiere an die Mitbewohner gewöhnen. In solchen Fällen bedarf es eben etwas Geduld.

Werden Garnelen aber immer und immer wieder von den Mitbewohnern belästigt, kommen sie eventuell nie aus ihren Verstecken. Daher empfehlen wir die Variante eines Artenbeckens. Unserer Meinung nach sowieso die beste Möglichkeit, die kleinen Racker ausgiebig zu beobachten und sich an ihnen zu erfreuen. Oft blühen sie erst dann so richtig auf, wenn sie unter sich sind, und, mal ehrlich, auf ein Becken mehr oder weniger kommt es doch nun wirklich nicht mehr an, oder?

Hat man sich für eine *Macrobrachium*-Art entschieden, wäre eventuell noch zu bedenken, dass die Tiere in der Regel eher räuberisch veranlagt sind und für kleinere Fische eine gewisse Gefahr darstellen können. Der eine oder andere Neon ist schon auf mysteriöse Art und Weise für immer verschwunden.

Unsere *Cambarellus patzcuarensis* sp. „Orange" waren harmlos wie ein Wattebausch...

47

Wie viele Tiere
brauche ich?

Die meisten Garnelen sind ausgesprochene Gruppentiere und wer ihnen nur ein oder zwei Spielkameraden gönnt, wird wahrscheinlich nicht viel von den Tieren sehen, da sie dann überwiegend versteckt leben. Dies gilt insbesondere, wenn sie in ein Gesellschaftsbecken kommen, in dem viele Fische zu Hause sind.

Das ändert sich oft schlagartig, sobald sie eine Gemeinschaft von mindestens zehn Mitgliedern bilden können, dann scheint die Furcht zu verfliegen und sie wachsen über sich hinaus.

Leider ist aber auch die Menge kein Garant dafür, dass sie aus ihren Verstecken kommen. Zu unserer Anfangszeit, in der wir noch Fische pflegten, hat ein einziges Schmetterlingsbuntbarsch-Pärchen über Monate dafür gesorgt, dass sich 30 Amanogarnelen nicht aus ihrem Wurzelloch trauten. Kaum hatte das Pärchen das Becken verlassen, machten die ersten Garnelen lange Hälse und bereits am zweiten Tag wuselten alle frei durchs Becken. Andere Aquarianer berichteten uns da-gegen, dass ihre Garnelen keinerlei Scheu vor Barschen hatten. Daran kann man gut erkennen, dass unsere Erfahrung mit Barschen nicht allgemeingültig ist. Solche Widersprüche gibt es mit vielen Fischarten und wir verzichten deshalb auf eine Liste, mit welchen Fischen Garnelen gut oder weniger gut vergesellschaftet werden können. Aber mehr als zwei oder drei Garnelen sollten es in jedem Fall sein. Es empfiehlt sich die obligatorische Anfangspopulation von fünf Tieren nicht zu unterschreiten, lieber ein paar mehr.

links und unten:
Caridina mariae
„Blue Tiger"

Welche Beckengröße
ist erforderlich?

Die Größe des Beckens spielt eher eine untergeordnete Rolle. Selbst in einem 12-Liter-Becken kann man sehr gut eine kleine Gruppe Zwerggarnelen pflegen. Allerdings verzeiht ein größeres Becken eher mal Anfängerfehler, wie z.B zu starkes Füttern oder unregelmäßigen Wasserwechsel. Für reine Garnelenbecken haben sich sogenannte Nano-Cubes von 20 bis 60 Liter bewährt. Sie nehmen nicht viel Platz weg und bei entsprechender Pflege und regelmäßigem Teilwasserwechsel laufen sie sehr stabil. Nach oben hin gibt es natürlich keine Grenzen und wir selbst träumen von Literzahlen jenseits der..., aber das ist ein anderes Thema.

Treffpunkt und Tummelplatz für Jung und Alt, die Moosspielwiese.

Was gibt es beim Kauf zu beachten?

Beim Kauf sollte man sich nicht auf die teilweise abenteuerlichen Fantasienamen der Tiere beim Händler verlassen. Manchmal ist das Wissen auf dem Gebiet der Garnelen und Krebse noch nicht sehr umfangreich und es werden die Namen der Großhändler, Importeure usw. unkritisch übernommen. Hinter Namen wie z.B. Grasgarnele, Feuergarnele, o.Ä. verbergen sich in der Regel alt bekannte Arten. Aber auch Namenskombinationen wie Crystal Cherry kommen durchaus vor. Und Pech für denjenigen, der eine falsch bezeichnete Red Fire als Crystal Red und damit meist auch zu deren (deutlich höheren) Preis kaufte.

Man sollte immer darauf achten, dass die Tiere gesund aussehen, agil durchs Becken wandern und unaufhörlich mit ihren Ärmchen arbeiten (Fächergarnelen sind nicht so aktiv). Der Panzer sollte keinerlei Unregelmäßigkeiten aufweisen wie rotbraune Flecken, die offensichtlich nicht zur Färbung der Tiere gehören, Löcher oder gar Blasenbildung. In der Regel kann man sie dann bedenkenlos mitnehmen.

Umso mehr Probleme der Verkäufer hat, sie mit dem Kescher zu fangen, desto besser ist es. Kräftige gesunde Tiere sind blitzschnell und oft nur mit viel Geschick ins Netz zu bekommen. Von trägen bzw. bewegungslos dasitzenden Tieren sollte man auf jeden Fall Abstand nehmen. Beim Kauf über das Internet schaut man sich am besten die Referenzen des Verkäufers an. Ein richtig durchgeführter Expressversand, d.h. in einer vernünftig gepolsterten und isolierten Box, stellt für die Tiere kein Problem dar.

Das Garnelen-aquarium

Bodengrund

Ob Sand oder Kies, ob hell oder dunkel, jeder kann sein Becken einrichten wie er mag, den Garnelen ist es ganz egal. Allerdings sollte bedacht werden, dass sie keine größeren Steine heben können, Futterreste die dazwischen fallen, bleiben für sie unerreichbar und vergammeln, wodurch sich die Wasserqualität verschlechtert. Kleine Kieselsteinchen werden mühelos beiseite geräumt und dies auch, wenn man genau weiß, dass dort kein Futter hingefallen sein kann, wahrscheinlich treibt sie einfach die Neugier und sie wollen schauen, was darunter ist. Gerne werden auch kleine Kiesel in die Scheren genommen und solange gedreht, gewendet und beknabbert, bis wirklich nichts Nahrhaftes mehr dran ist. Gefärbten oder kunststoffummantelten Kies gründlich vor Gebrauch mit heißem Wasser auswaschen. Hier besteht der Verdacht, dass er in seltenen Fällen Stoffe ans Wasser abgeben kann, die für Garnelen tödlich sein können.

Noch ein kleiner Tipp: Man sollte bereits vor der Wahl des Bodengrundes wissen, welche Garnelenart man pflegen möchte. Die Kristallrote Bienengarnele z.B. sieht auf hellem Grund oft sehr schmucklos aus. Bei ihr würden wir neutralen bis dunklen Bodengrund empfehlen.

Eine Kristallrote Bienengarnele sieht oft auf hellem Kiesgrund bei Weitem nicht so kontrastreich aus wie auf dunklem Bodengrund.

Holz

Ein Stückchen Wurzelholz sollte in keinem Garnelenbecken fehlen. Es ist zwar kein Muss, aber sie lieben es, darauf herumzulaufen und es abzuweiden. Am besten geeignet sind Mangrovenwurzel oder Moorkienholz. Das sogenannte Savannenholz (Mopani- oder auch Eisenholz genannt) steht im Verdacht, durch eventuell eingelagerte Schwermetalle oder anderes, für einige Todesfälle verantwortlich zu sein. Also, die Schützlinge gut beobachten, und wenn es Probleme gibt, könnte es vielleicht wirklich am Savannenholz liegen. In solchen Fällen würden wir

das Holz ganz entfernen und einen kräftigen Wasserwechsel durchführen. Gegen diesen Verdacht stehen viele Aussagen von Aquarianern, die keinerlei Probleme mit Garnelen und Mopaniwurzeln beobachten konnten. Wir allerdings hatten schon ein Problembecken, bei dem es daran gelegen haben könnte, daher verzichten wir seither auf diese Wurzeln, wenn sie auch oft traumhaft schön sind.

Holzwurzeln bieten gute Versteckmöglichkeiten.

Foto: D. Gröbel

Pflanzen

Diese kann man sich auch nach Lust und Laune für sein neues Becken aussuchen. Alle uns bekannten, im Fachhandel erhältlichen Pflanzen sind garnelentauglich. Aber Vorsicht, bei Pflanzen, die der Fachhändler gerade frisch von seinem Lieferanten bekommen hat und die dadurch natürlich besonders schön aussehen und zum Kauf verleiten, besteht die Gefahr, dass diese durch Pestizide so stark belastet sein können, dass nach dem Einsetzen ins Becken der gesamte Garnelenbestand innerhalb kürzester Zeit durch Vergiftung stirbt. Diese Konzentration der Stoffe ist absolut tödlich für die Kleinen. Es gilt also bei bereits laufenden Garnelenbecken, neue Pflanzen gut von der Kulturwolle oder dem Schaumstoff zu befreien und mindestens eine Woche in einem Eimer bei Licht zu wässern.

Erst dann sollten sie eingesetzt werden. Wer sein Becken ganz neu einrichtet, braucht dies natürlich nicht zu tun, da die Garnelen ja erst später dazukommen. Alle paar Tage ein kräftiger Wasserwechsel ist aber auf jeden Fall angebracht.

Die spätere Verwendung von handelsüblichem Pflanzendünger ist in der Regel unbedenklich, nur die empfohlene Dosierung sollte nicht überschritten werden.

Besonders empfiehlt es sich, immer eine kleine Ecke oder eine höher gelegene Wurzel mit Moos (z.B. Javamoos, *Vesicularia dubyana* oder Pelliamoos, *Monosolenium tenerum*) zu bepflanzen. Dies ist ein guter Platz für die Tiere, sich zur Häutung zurückzuziehen und dient dem Nachwuchs als unverzichtbarer und sicherer Spiel- und Nahrungsplatz.

Bei einem zu dürftig bepflanzten Becken finden die Tiere manchmal keinen Platz, an dem sie ungestört die schwierige Prozedur der Häutung

Auch hochwachsende Pflanzen sollten in einem Garnelenbecken nicht fehlen.

vollziehen können. Dies kann dann sogar soweit führen, dass sie von Artgenossen angegangen werden und anschließend verenden, da sie zu dieser Zeit sehr schwach und empfindlich sind. Das ist auch der Grund, warum sie sich oft in die oberen Regionen des Beckens zurückziehen und dort manchmal sehr lange regungslos an einer Stelle verharren. Hochwachsende Pflanzen sollten daher in einem Garnelenaquarium nicht fehlen.

Es geht das Gerücht um, dass die *Anubias*-Arten den Tieren schaden, indem sie bei Verletzung der Blätter oder Wurzeln Oxalsäure abgeben, die für Garnelen giftig wirken kann. Wir haben bei einem Versuch fast alle Blätter einer Pflanze abgetrennt und haben bei den Garnelen keinerlei Auswirkungen feststellen können. Inwieweit andere Umstände, wie z.B. Temperatur, Licht etc. dabei eine Rolle spielen, können wir aber nicht sagen und so würden wir empfehlen, beim Einsetzen von *Anubias* nicht die Wurzeln zu beschneiden und auf Verletzungen der Blätter zu achten, man weiß ja nie.

von oben:
Kuschelige Algenkugeln stehen bei Garnelen hoch im Kurs.

Pelliamoos, *Monosolenium tenerum*.

Anubias barteri var. *nana*.

Steine

Lavasteine bieten mit ihrer porösen Oberfläche einen optimalen Untergrund für allerlei Algenaufwuchs.

Viele Steine eignen sich hervorragend, um das Becken zu verschönern. Wir haben Kalksteine, Schiefersteine, Lavasteine, große Steine, kleine Steine etc. und nie haben wir Probleme gehabt. Allerdings verändern einige, wie z.B. Kalkgestein, die Wasserwerte und man sollte anfangs öfter mal das Wasser testen, ob noch alles im grünen Bereich ist. Schiefergestein wird von einigen Fischliebhabern nicht verwendet, weil sich manche Fische an den scharfen Kanten verletzen können, bei Garnelen haben wir so etwas noch nie beobachtet und auch noch nicht davon gehört. Wir stufen es daher als bedenkenlos ein.

Krims-Krams

Im Handel gibt es die tollsten Dekorationsartikel, mit denen man sein Becken – nun sagen wir – gestalten kann. Dazu sei gesagt, dass die Garnelen keinen Schreck bekommen, wenn plötzlich ein Hai mit im Becken sitzt oder ein Pirat den Säbel zieht. Verachtend benutzen sie alles als Fußabtreter und stören sich auch sonst nicht an deren Gesellschaft. Wer so etwas also gerne haben möchte, den Garnelen zumindest schadet es nicht.

Beleuchtung

Auch bei der Beleuchtung muss man den Garnelen zuliebe keine Kompromisse eingehen. Nach unseren Beobachtungen ändert die Art des Lichtes nichts an ihrem Wohlbefinden. Ob nun die normale Neonröhre, HQI oder LED oder eine Schreibtischlampe, den Garnelen scheint es egal zu sein und so kann man je nach Wunsch und Geldbeutel für Licht sorgen.

Filter

Es gibt die Möglichkeiten, das Becken mit Innen-, Außen-, Boden-, Überhang-, Lufthebe- oder einem sogenannten Hamburger Mattenfilter (HMF) auszustatten.

Einige Aquarianer betreiben auch kleine Becken ganz ohne Filter und sorgen mit kurzen Wasserwechselintervallen für eine ausreichende Wasserqualität. Dabei sei allerdings gesagt, dass unserer Meinung nach ein solches Becken nicht sehr stabil läuft und es leichter zu Problemen kommen kann. Anfänger sollten in jedem Fall einen Filter benutzen.

Egal für welchen Filtertyp man sich auch entscheidet, er muss auf jeden Fall garnelensicher sein. Es ist zwar nicht so, dass gleich alle Garnelen angesaugt werden, aber ohne einen entsprechenden Schutz vor dem Einlass-, bzw. Ansaugrohr könnten manche Tiere den Halt verlieren und sind verschwunden. Außerdem krabbeln sie gerne von ganz allein in alles was dunkel und geheimnisvoll aussieht, vielleicht einfach um zu sehen, was da drin los ist. Natürlich braucht man keine Angst zu haben, dass nach einiger Zeit alle Garnelen verschwunden sind und auch vom Nachwuchs kommen viele nicht mal in die Nähe der Ansaugöffnung, aber es wäre doch schade um jedes einzelne Tier.

Keine Angst mein Junge, Mami hält Dich fest.

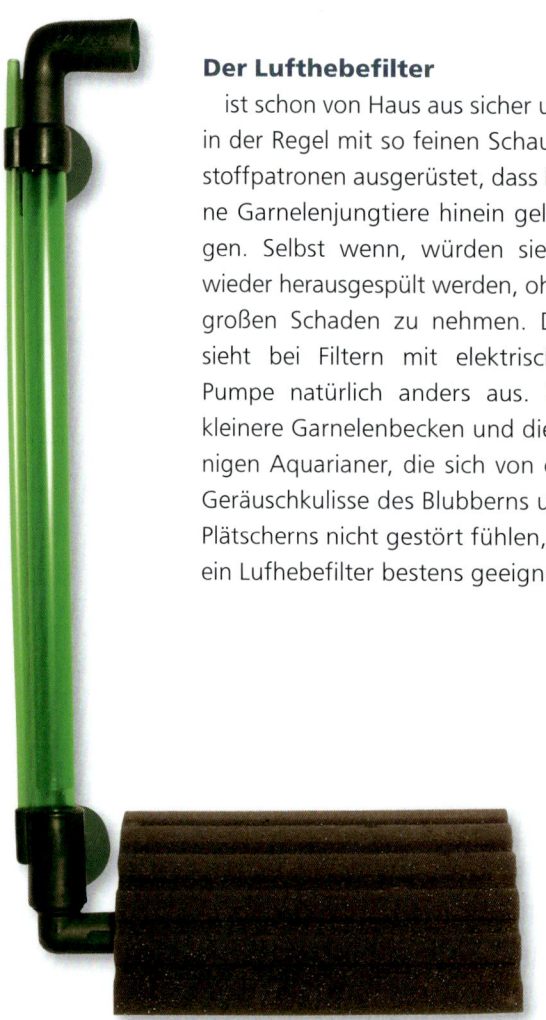

Der Lufthebefilter

ist schon von Haus aus sicher und in der Regel mit so feinen Schaumstoffpatronen ausgerüstet, dass keine Garnelenjungtiere hinein gelangen. Selbst wenn, würden sie ja wieder herausgespült werden, ohne großen Schaden zu nehmen. Das sieht bei Filtern mit elektrischer Pumpe natürlich anders aus. Für kleinere Garnelenbecken und diejenigen Aquarianer, die sich von der Geräuschkulisse des Blubberns und Plätscherns nicht gestört fühlen, ist ein Lufhebefilter bestens geeignet.

Foto: Dennerle

Kleinere Innenfilter

haben normalerweise eine recht grobe Filtermatte, die unbedingt durch eine feine ersetzt werden sollte. Einzelne (Jung-)Tiere gelangen sonst bis zur Pumpe durch und ihr Ende ist nahe. Leider gibt es meistens nur Filtermatten zum selber schneiden und so kommt man nicht drum herum, seine handwerklichen Künste unter Beweis zu stellen.

Größere Innenfilter

Durch die Gitter größerer Innenfilter krabbeln zwar viele Garnelen durch, aber es gibt dort ja ein feines Vlies, das ein weiteres Vordringen der Tiere verhindert und aus der Filterkammer selbst können sie in der Regel ohne große Probleme wieder herauskrabbeln, da die Ansaugströmung nicht sehr stark ist.

Der Hamburger Mattenfilter

stellt manchmal eine Gefahr dar. Auch wenn sehr feiner Schaumstoff verwendet wird, ist es ein Leichtes für die Garnelen, oben drüber zu steigen und in den Pumpenbereich zu gelangen. Die Ansaugseite der Pumpe sollte daher unbedingt noch durch Schaumstoff gesichert werden. Eine weitere Möglichkeit wäre, den oberen Bereich abzudecken bzw. die elektrische Pumpe durch einen Lufthebefilter zu ersetzen.

Funktionsprinzip eines Hamburger Mattenfilters. Schaumstoffmatte im Becken mit dahinter liegender Kreiselpumpe oder auch Luftheber.

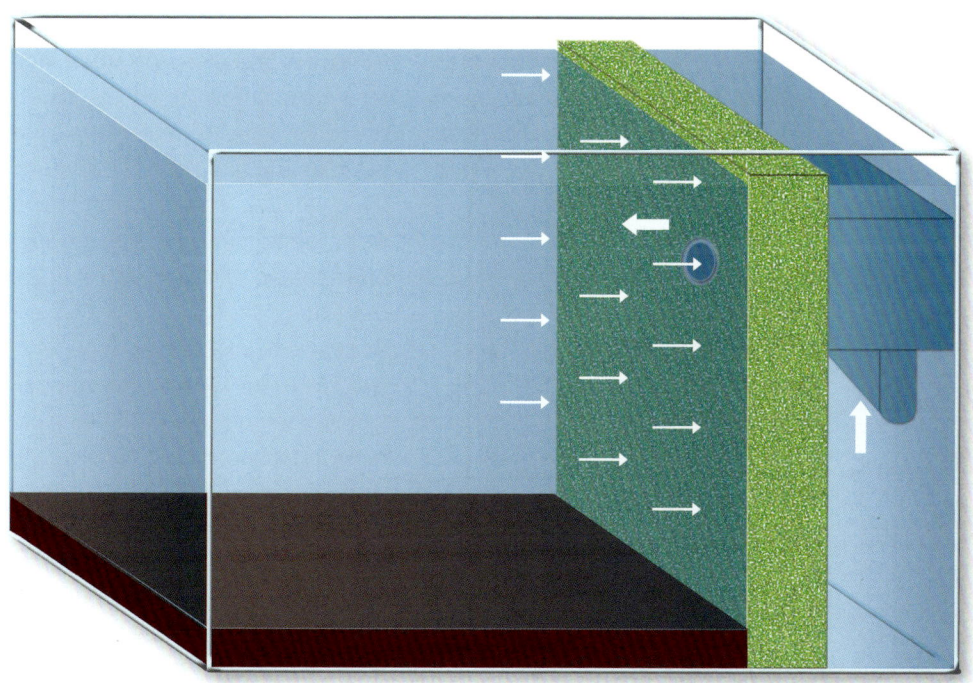

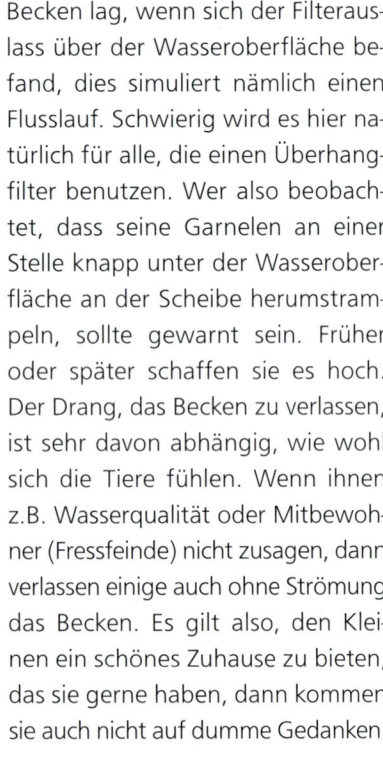

Außenfilter

werden ganz einfach geschützt, indem z.B. die Filterpatrone eines Lufthebefilters über das Ansaugrohr gezogen wird, in das man vorher viele kleine Löcher gebohrt hat.

Natürlich gibt es noch viele weitere Methoden, einen Filter garnelensicher zu machen. Der Fantasie sind da kaum Grenzen gesetzt. Viel Spaß beim Basteln.

Ganz gleich, welcher Filtertyp benutzt wird, beim Filterauslass gibt es ebenfalls noch etwas zu beachten. Dieser sollte, wenn möglich, mindestens einen Zentimeter unterhalb der Wasseroberfläche liegen. Garnelen schwimmen bei Problemen gerne gegen die Strömung flussaufwärts und können dabei auch über Land laufen. So kam es leider schon vor, dass ein Teil des Garnelenbestandes vertrocknet hinter dem Becken lag, wenn sich der Filterauslass über der Wasseroberfläche befand, dies simuliert nämlich einen Flusslauf. Schwierig wird es hier natürlich für alle, die einen Überhangfilter benutzen. Wer also beobachtet, dass seine Garnelen an einer Stelle knapp unter der Wasseroberfläche an der Scheibe herumstrampeln, sollte gewarnt sein. Früher oder später schaffen sie es hoch. Der Drang, das Becken zu verlassen, ist sehr davon abhängig, wie wohl sich die Tiere fühlen. Wenn ihnen z.B. Wasserqualität oder Mitbewohner (Fressfeinde) nicht zusagen, dann verlassen einige auch ohne Strömung das Becken. Es gilt also, den Kleinen ein schönes Zuhause zu bieten, das sie gerne haben, dann kommen sie auch nicht auf dumme Gedanken.

Auch einen Außenfilter sollte man unbedingt „garnelensicher" machen.

Heizung

Viele Garnelenarten kommen aus gemäßigten Klimaregionen und so kann man je nach Art auf eine Heizung verzichten. Wir beobachten aber, dass bei kühlerem Wasser (unter 20 °C) die Vermehrung oft einfriert und die Tiere bei wärmeren Temperaturen zwischen 20 und 26 °C deutlich aktiver und vom gesamten Verhalten her agiler sind. Allerdings sollte man nach oben hin 30 °C nicht überschreiten. Temperaturen erreicht man mit einem handelsüblichen Heizstab. Wir konnten noch nie beobachten, dass sich eine Garnele an ihm die „Finger" verbrannt hat.

Keine Angst, Garnelen verbrennen sich nicht die „Finger" an einem Heizstab.

CO_2

Wir benutzen in einigen Becken eine CO_2-Anlage, um einerseits den Pflanzen etwas Gutes zu tun und andererseits den pH-Wert zu senken. Bei normaler Handhabung ist der Einsatz einer CO_2-Anlage völlig problemlos für Garnelen. Allerdings ging uns einmal ein Regelventil kaputt und es strömte recht viel CO_2 ins Becken, woraufhin leider viele Garnelen mit dem Tode reagierten. Wer eine CO_2-Anlage betreiben möchte, sollte immer auf eine korrekte Funktionsweise achten. Als kleiner Richtwert sei hier ein Bläschen pro Sekunde erwähnt, so jedenfalls laufen unsere Anlagen.

dopfff
waffer hia... einpf
a kwawwitääd

Foto: Dennerle

Einlaufphase

Wenn ein Becken neu eingerichtet wurde und alles steht, empfehlen wir eine Einlaufphase des Beckens von mindestens drei Wochen ohne Tiere. In der Zeit kann sich eine ausreichende Menge an sogenannten Filterbakterien entwickeln, die für ein biologisches Funktionieren eines Aquariums unerlässlich sind. Sie bauen die entstehenden Schadstoffe ab und halten die Bedingungen für die Bewohner im Gleichgewicht. Da durch Fütterung und Ausscheidungen der Tiere die Wasserbelastung in einem Aquarium ständig zunimmt und Garnelen Freunde von Frischwasser sind, sollte man sich dann je nach Beckengröße, Besatzdichte und Fütterungsintervall einen regelmäßigen Wasserwechselrhythmus angewöhnen. Dabei gilt lieber etwas häufiger eine kleine Menge austauschen, als nur alle zwei Wochen, und dann gleich drei Viertel des Wassers. Wir machen ungefähr alle fünf Tage einen Wasserwechsel von einem Drittel, aber das ist natürlich nur ein kleiner Richtwert.

Noch sieht alles recht „nackt" aus. Neu eingerichtetes
Becken nach einer Einlaufphase von gut vier Wochen.

Zu Hause angekommen, was nun?

Die Eingewöhnungsphase, bei der sich die neuen Bewohner an ihre zukünftigen Wasserverhältnisse gewöhnen müssen, ist besonders für Garnelen sehr wichtig. Sie reagieren deutlich empfindlicher als viele Fischarten auf sich wechselnde Wasserbedingungen.

Da z.B. ihre Häutung von der Wassertemperatur und anderen Wasserfaktoren abhängig ist, kann es bei unzureichender Eingewöhnung zur sogenannten Schockhäutung kommen, oder ihr Organismus wird derartig gestört, dass sie bei der nächsten Häutung Probleme bekommen. Ein Umstand, den die Tiere meistens mit dem Leben bezahlen. Ohne an dieser Stelle nun mit Fachwörtern wie osmotischer Druck oder Leitwert herumzuwerfen, sei noch einmal gesagt: Am besten stellt man die offene Tüte mit den neuen Bewohnern in einen Eimer und kippt sie langsam um. Dabei immer darauf achten, dass man kein Tier in der Tüte übersieht, denn einzelne blei-

Gemach, gemach, Du beißt jetzt die Zähne zusammen und machst es so, wie die Logemänner hier schreiben, ansonsten heul' mir morgen nicht die Ohren voll!

Schnickschnack, Tüddelütt... los, mach schon... setz die Kleinen jetzt ins Becken... da passiert schon nichts!

Foto: C. Lukhaup

ben gerne kleben und nur selten kommen alle mit einmal heraus. Dann gibt man becherweise alle zehn Minuten einen Schluck, oder mit einem kleinen Schlauch tröpfchenweise, von dem Aquariumwasser dazu. Nach ca. zwei bis drei Stunden sollte die doppelte Menge an Wasser im Eimer sein. Aber keine Sorge, dabei kommt es nicht auf Minuten oder Milliliter an. Wichtig sind mindestens zwei Stunden und mindestens die doppelte Menge an Wasser, bevor man die Kleinen ins Aquarium setzt.

Dies empfehlen wir übrigens auch beim Umsetzen von einem Becken zum anderen im selben Haushalt. Denn auch hier kann sich durch andere Einrichtungsweisen (Holz, Steine etc.) das Wasser unterscheiden, obwohl es ursprünglich aus demsel-

ben Wasserhahn kommt. Also besser nichts riskieren.

Garnelen benötigen auch einige Zeit, um sich an die neue Umgebung und an andere Mitbewohner zu gewöhnen. Wenn ihnen z.B. die Wasserqualität nicht gefällt, oder sogar Fressfeinde mit im Becken sind, kann es dazu kommen, dass sie versuchen, das Becken zu verlassen, (s. Seite 57, *Filter*). Für die Tage der Eingewöhnung kann man offene Stellen in der Abdeckung zumachen. Wer aber beobachtet, dass sie auch nach Wochen noch fliehen wollen, der sollte dringend nach der Ursache suchen und für ein Zuhause sorgen, in dem sie sich wohlfühlen, sonst hat man nicht lange Freude an ihnen. Wir haben viele offene Becken und es kommt keine Garnele auch nur auf die Idee herauszukrabbeln.

Garnelen können sich nur sehr langsam an neue Wasserverhältnisse anpassen Seien Sie also geduldig und geben den neuen Lieblingsbewohnern die entsprechende Zeit zur Eingewöhnung.

Verhalten der Tiere

Gerne hängen sie kopfüber an Schwimmpflanzen und suchen nach Fressbarem.

In der Regel sind Garnelen sehr aktiv und ständig unterwegs. Sie krabbeln auf allem herum und sind unermüdlich dabei, mit ihren kleinen Scherchen Nahrung zum Mundorgan zu befördern. Eine Ausnahme sind hier die Fächergarnelen. Sie lieben es, sich in die Strömung zu stellen und mit ihren Fächern kleinste Partikel oder Plankton aus dem Wasser zu keschern.

Keineswegs sind Garnelen nur Bodenbewohner. Man findet sie auf allen Ebenen und gerne paddeln sie auch frei im Becken, um von Ast zu Ast zu kommen. Die Wurzeln von Schwimmpflanzen scheinen sie dabei besonders zu lieben. Gerne hängen sie kopfüber daran und weiden kleinste Partikelchen ab.

Drei Ereignisse lassen aber eine Garnele von ihrem Alltagstrott abweichen:

Foto: C. Lukhaup

Die bevorstehende Häutung

Die Häutung ist für die Garnele ein äußerst schwieriger Prozess, für den sie all ihre Kraft braucht. Manchmal ist sie so sehr damit beschäftigt, dass sich sogar ihr äußeres Erscheinungsbild ändert. Die Garnele zieht sich zurück und wirkt apathisch. Mehr zu diesem Thema im Kapitel *Häutung* (s. Seite 72).

Neocaridina davidi var. „Red" (Red Fire).

Paarungszeit

Zur Paarungszeit sausen oftmals die Männchen wie wild durchs Becken und sind auf der Suche nach dem Weibchen, das seine *Pheromone* (Sexuallockstoffe) abgegeben hat. Davon wird manchmal die ganze Gruppe angesteckt und keine Garnele hält es auf den Schreitbeinen. Das legt sich aber auch schnell wieder und alles geht seinen gewohnten Gang. Ausführlicheres darüber im Kapitel *Paarung und Vermehrung* (s. Seite 74)

Krankheiten oder Probleme

Bei Krankheiten zeigt sich häufig ein ähnliches Verhalten, wie bei einer bevorstehenden Häutung. Sie sitzen ruhig an einer Stelle, zeigen kaum Aktivität und werden manchmal etwas milchig. Doch dazu mehr im Kapitel *Krankheiten und Probleme* (s. Seite 88).

Hummelgruppe beim Grasen. Bei dieser Art ist der Nachwuchs in den ersten Wochen oft kräftiger gefärbt als die Eltern.

Die Fütterung

* Lebend- und Frostfutter sollte grundsätzlich vor der Verfütterung in einem Futtersieb unter fließendem Wasser abgespült werden. Aus eigener leidvoller Erfahrung können wir berichten, dass bei Nichtbeachtung dieser Regel der Tod von vielen Garnelen die Folge sein kann. Dies gilt besonders bei Roten Mückenlarven, sie werden oft in derart unreinen Tümpeln gezüchtet, dass es Garnelen direkt aus den Socken haut. Traurige Bilanz: Bevor wir merkten, was die Ursache war, weilten ca. 50 Garnelen nicht mehr unter uns.

Auch wenn Garnelen den Ruf besitzen, Algenfresser zu sein, es sind keine Vegetarier. Allesfresser trifft auf sie viel besser zu und so sollte auch auf tierische Nahrung nicht verzichtet werden. Der Handel bietet mittlerweile ein umfangreiches Futtersortiment für Ziergarnelen an, mit denen die Tiere ausgewogen ernährt werden können, damit sie ausreichend Proteine, Mineralien, Ballaststoffe, etc. zu sich nehmen. Wer bei seinen Lieblingen auf eine gute Ernährung achtet, dessen Garnelen können wohl auch Urur-Großeltern oder älter werden, beneidenswert, so viele Generationen aufwachsen zu sehen. Im Gesellschaftsbecken brauchen Garnelen nicht immer extra gefüttert zu werden, es fallen meist genug Reste für sie ab. Ansonsten kann man ihnen Flocken-, Granulatfutter, Futtertabletten, Lebend- und Frostfutter* anbieten. Auch überbrühte Löwenzahn-, Maulbeer- oder Brennnesselblätter werden mit großer Begeisterung konsumiert. Sogenannte Snacks aus Blättern sind auch für Garnelen zu bekommen.

Dabei gilt: Immer nur geringe Mengen füttern, alles sollte nach einer Stunde aufgefressen sein. Lie-

Pronto Herr Ober, Spirulina-Kompott und zwar flott, oder Du riskierst Dein Trinkgeld.

68

Foto: C. Lukhaup

gengebliebene Reste aus dem Becken entfernen, da sich ansonsten die Wasserqualität sehr schnell verschlechtern kann.

Neben den Mahlzeiten, die wir ihnen servieren, fressen Garnelen den ganzen Tag Algenaufwuchs und Kleinstlebewesen. So macht es ihnen auch nichts aus, wenn sie mal ein paar Tage auf Extrafutter verzichten müssen. In einem gut eingefahrenen Becken ist sicher noch keine verhungert.

In seltenen Fällen kann es sein, dass einige Garnelenarten nach gewisser Zeit auf komische Gedanken kommen und sich an weichem Moos, wie *Pellia* oder *Riccia* zu schaffen machen. Dies ist aber wohl eher nur bei Züchtern zu beobachten, die meist eine sehr große Menge an Garnelen im Becken halten. In der Regel braucht man keine Angst um sein Moos zu haben, auch normale Pflanzen rühren sie nicht an, sie fressen lediglich deren abgestorbene Teile.

Um sich und den Garnelen etwas Gutes zu tun, sollte man auch mal wieder einen Waldspaziergang machen und dabei ein bisschen Laub sammeln. Zu Hause kurz abgekocht, kann es direkt ins Becken gegeben werden. Mit Vorliebe stürzen sich

Garnelen sind ganz wild auf Spinat.

Foto: C. Lukhaup

bei uns die Racker drauf und durchforsten alles ganz genau nach Fressbarem. Auch die sich mit der Zeit zersetzenden Blätter selbst werden abgeknabbert bis nur noch die Stängel übrig sind.

Blätter von Buche, Eiche, Birke, Erle sowie Erlenzapfen und die zu kaufenden Seemandelbaumblätter (Erlenzapfen und Seemandelbaumblätter nicht abkochen) sind besonders gut geeignet, da sie Huminsäure abgeben, den pH/kH-Wert senken und antibakteriell sowie antiseptisch wirken. Auch zur Vorbeugung gegen Häutungsprobleme sollen sie hilfreich sein. Nicht geeignet sind Gartensträucher, Kulturpflanzen, Rankgewächse und Zimmerpflanzen, da diese giftig sein können.

Wir haben in all unseren Becken Laub und es scheint den Bewohnern zu gefallen, ganz nebenbei ist es auch noch sehr dekorativ. Am besten eignet sich die Laubsuche natürlich im Herbst, wenn die vertrockneten braunen Blätter noch an den Bäumen hängen, oder gerade erst gefallen sind. Diese sind noch nicht so stark von Pilzen und Bakterien besiedelt. Frische, noch grüne Blätter sind ungeeignet. Wenn möglich auch keine Blätter von Bäumen nehmen, die direkt an einer stark befahrenden Straße liegen oder sonstigen, erheblichen Umweltverschmutzungen ausgesetzt sind. Wir empfehlen in jedem Fall das kurze Abkochen nicht zu vergessen, so werden unliebsame Gäste beseitigt und die Blätter sinken auch schneller zu Boden. Getrocknete Blätter kann man sehr gut in einer Tüte lagern und das ganze Jahr über verwenden.

Klatsch!

Mann, Mann, selbst die dümmste Planarie hätte es ahnen können, aber er... hoffentlich hat das keiner mitbekommen. Du weißt ja, ist der Ruf erst ruiniert...

Die Häutung

Garnelen wachsen ihr Leben lang, in den ersten Wochen recht schnell und mit zunehmendem Alter im-

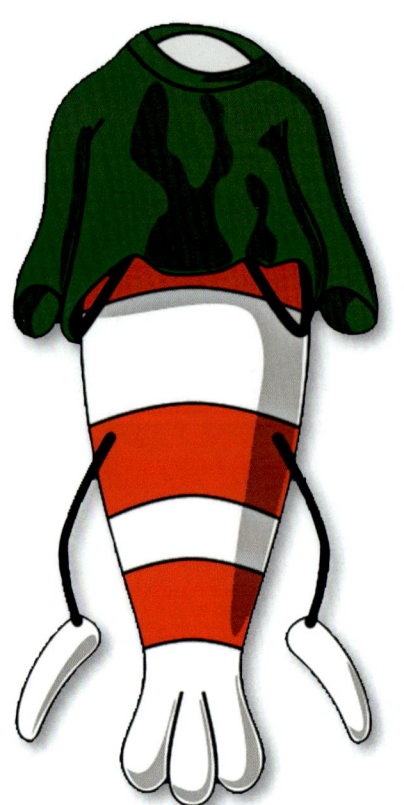

mer langsamer. Da der Panzer nicht mitwachsen kann, müssen sie das alte Kleid regelmäßig ablegen. Dieser Häutungsprozess verlangt jeder Garnele so einiges ab und ist für den Organismus Schwerstarbeit. Vor der anstehenden Häutung werden Garnelen sehr ruhig, reagieren auf Annäherung anderer Bewohner extrem empfindlich und suchen sich daher ein Plätzchen, an dem sie möglichst ungestört sind. Dort sitzen sie dann manchmal mehrere Stunden fast regungslos. Stimmen alle Voraussetzungen für eine erfolgreiche Häutung, bricht der Panzer an einer Sollbruchstelle im Nacken hinter dem Kopf auf und mit einem Ruck sind die Tiere auch schon draußen. Sie pumpen sich mit Wasser auf, recken und strecken sich ein Weilchen, um den neuen Panzer zu dehnen und weiter geht's. Die alte Haut (Exuvie) sollte im Becken belassen werden. Sie enthält wichtige Nährstoffe und wird nach einiger Zeit von den Tieren verspeist.

Stimmt während der Häutung etwas nicht, löst sich beispielsweise der Panzer nicht komplett, sodass die Garnele nicht aus ihm herauskommt, wird das betroffene Tier oft milchig trüb, verliert die Farbe und zeigt gewisse Lähmungserscheinungen. Stellt man ein solches Tier fest, ist es meist bereits zu spät und selbst eingeleitete Sofortmaßnahmen, wie z.B. Wasserwechsel, Sprudelstein etc. helfen dann nicht mehr. Man kann nur hilflos zusehen und hoffen, dass die Garnele es doch noch schafft.

Handelt es sich um ein Problem, das die gesamte Gruppe betrifft, z.B. bei unzureichender Eingewöhnungszeit oder sich plötzlich stark ändernden Wasserwerten, sterben Garnelen oft nach und nach, immer dann wenn bei dem einzelnen Tier die Häutung ansteht. So kommt es vor, dass über einen gewissen Zeitraum immer wieder Garnelen sterben, obwohl die Ursache selbst schon einige Zeit zurückliegt. Ein Umstand, der die Ursachenfindung nicht gerade leichter macht.

Oft zeigen Garnelen erst durch Probleme bei der Häutung, dass ihnen etwas nicht zusagt. So ist die Liste der Ursachen lang und reicht von Mangel an Mineralien und Nährstoffen, die sie benötigen, bis hin zu Vergiftungen durch Schwermetalle oder schlechter Wasserqualität. Ein Allgemeinrezept gibt es leider nicht.

von oben:
Gut zu erkennen ist hier die Sollbruchstelle im Nacken.

Milchig trüber Körper und blasse Farben deuten auf Häutungsprobleme hin.

Paarung und Vermehrung

Nachdem man einige Zeit Garnelen pflegt, stellt sich natürlich auch die Frage nach dem Nachwuchs. Nichts ist spannender, als die ersten kleinen Babygarnelen zu sehen. Man hält unwillkürlich den Atem an, wenn sich eine Kleine zu nahe an die emsig agierenden Fresswerkzeuge der Elterntiere wagt. *„Sie wird doch nicht?, – Nein, alles gut gegangen".* Mit traumwandlerischer Sicherheit huscht die Babygarnele zwischen den Beinen der Erwachsenen umher, um sich ihren Teil an Nahrung zu sichern. Jeden Tag schaut man nach den Kleinen und hin und wieder sieht man eine kleine Babyhaut im Becken liegen. Ein gutes Zeichen, dass sie reichlich fressen und wachsen.

Aber wie funktioniert das nun mit der Paarung und Vermehrung und gibt es Unterschiede?

Foto: C. Lukhaup

Welcher Fortpflanzungstyp?

Man unterscheidet zwischen dem „primitiven" (viele kleine Eier, bis zu 2000 Stück) und dem „spezialisierten" (wenige große Eier, ca. 20 bis 50 Stück) Fortpflanzungstypen. Bei den meisten „Primitiven" schlüpfen nach einer Tragezeit von ca. drei bis fünf Wochen frei im Wasser schwimmende (pelagische) Larven, die in der Natur durch die Strömung ins Meer gespült werden. Dort gehen sie durch mehrere Lavenstadien, bis sie als fertige Garnelen die Flüsse zurück stromaufwärts wandern. Da man für die Nachzucht dieser Arten den Verlauf imitieren und mit Brack- bzw. Meerwasserbecken arbeiten muss, ist die Vermehrung recht aufwändig und eher etwas für den fortgeschrittenen Aquarianer. Einige dieser Arten wurden bisher noch gar nicht erfolgreich in heimischen Aquarien nachgezogen.

Bei dem „spezialisierten" Typus schlüpfen dagegen nach ähnlicher Tragezeit fast fertige Miniaturausgaben der Eltern im Süßwasser. Diese krabbeln von der ersten Sekunde an am Boden und man kann sie mit bloßem Auge eindeutig als Garnelen

identifizieren. Ein bis zwei Larvenstadien müssen diese zwar nach dem Schlupf auch noch durchmachen, da z.B. der Schwanzfächer noch nicht vollständig ausgebildet ist, aber dann sind sie perfekte Ebenbilder der Eltern.

Nach unseren Beobachtungen sind die Eiproduktion, der Paarungsakt und die anschließenden Mutterpflichten bis hin zum Schlupf der Kleinen bei beiden Fortpflanzungstypen gleich.

oben:
Amano-Weibchen mit bis zu 2000 Eiern unter dem Hinterleib.

Mitte:
Beim „spezialisierten" Typus sind es ca. 20 bis 50 Eier.

unten:
Frisch geschlüpfte Hummelgarnelen sind nur wenige Millimeter groß.

~ 3 mm

Geschlechtsunterschiede

Wie wir nun alle aus dem Biologieunterricht wissen, benötigt man für die erfolgreiche Vermehrung einer Art meist jeweils mindestens ein Männchen und ein Weibchen. Wie erkennt man nun aber die verschiedenen Geschlechter? Für die meisten Zwerggarnelenarten gilt, dass die Weibchen in der Regel etwas größer werden, stämmiger gebaut und je nach Art auch etwas farbintensiver sind. Ihre Bauchtaschen sind größer und nach außen gewölbt, da hier ja auch die Eier Platz finden müssen. Die Männchen kommen eher mit einem eingezogenen Bauch daher und wirken insgesamt schlanker.

Bei einigen Fächergarnelen- und *Macrobrachium*-Arten werden allerdings die Männchen teilweise deutlich größer. Die Geschlechter der bekannten Amanogarnele lassen sich z.B. noch durch eine Punkt- bzw. Strichzeichnung unterscheiden. Bei der Vielzahl der bisher bekannten Garnelenarten würde es hier den Rahmen sprengen, weiter ins Detail zu gehen. Ganz sicher kann man sich aber freilich dann sein, sobald eine Garnele Eier unter dem Hinterleib trägt – es ist ein Weibchen!

♀

Laichansatz

Bauchtaschen

tiefer gezogener Kopfpanzer

♂

flacher Bauch

kurzer Kopfpanzer

Die Ei-produktion

Die Weibchen beginnen mit der Eierproduktion im Nackenbereich, etwa an der Stelle, wo auch der Panzer bei der Häutung aufbricht. Diese vorproduzierten Eier nennt man Laichansatz und er ist bei einigen Arten sehr gut als heller bzw. dunkler Fleck zu erkennen. Ist der Laichansatz fertig, d. h. die Eier sind reif zur Befruchtung, häutet sich das Weibchen und gibt Sexuallockstoffe (Pheromone) zum Anlocken der Männchen ins Wasser ab. Da die Eierfabrik ununterbrochen läuft, bildet das Weibchen schon während des Austragens der einen Ladung im Nackenbereich die nächste.

Beim „Tiger-Männchen" (links) fängt direkt hinter den Innereien im Kopf der dünne Darm an, während sich beim Weibchen (rechts) an dieser Stelle der Laich bildet. Gut erkennt man in diesem Fall schon einzelne Eier und in Kürze wird sie diese in den Bauchtaschen tragen.

oben:
Bei diesem „White Pearl"-Weibchen ist der Laichfleck gut zu erkennen.

unten:
Eiertragendes „White Pearl"-Weibchen, bei dem die Eier in den Bauchtaschen gut zu sehen sind. Im Nacken wird bereits der neue Laichansatz gebildet.

79

Der Paarungsakt

Ein Garnelen-Männchen hat seine Angebetete gefunden...

Jetzt kommen die Männchen mit ins Spiel. Alarmiert durch die Lockstoffe des Weibchens, versuchen sie, der Duftspur zu folgen und machen sich hektisch umher schwimmend auf die Suche nach der Verursacherin. Von diesem Paarungsschwimmen wird manchmal die gesamte Gruppe angesteckt und es herrscht ein heilloses Gewusel. Alle Männchen sind auf der Suche nach dem paarungsbereiten Weibchen und stürzen sich auf alles, was nur annähernd nach einer Dame aussieht.

Hat ein Männchen das Weibchen gefunden, klammert es sich im Nackenbereich der Angebeteten fest, immer bemüht, nicht von einem anderen Männchen abgedrängt oder von ihr abgeworfen zu werden. Ist die Gelegenheit günstig, d. h. das Weibchen macht eine kurze Pause bei ihren Bemühungen den Kerl abzuschütteln, rutscht das Männchen seitlich am Körper des Weibchens runter und heftet mit seinen Endopoden (Begattungsorgane am ersten Schwimmbeinpaar) Samenpakete an deren Geschlechtsöffnung auf der Unterseite an. Danach hat das Männchen seine Schuldigkeit getan und lässt von dem Weibchen ab.

Kurze Zeit später presst das Weibchen mit krümmenden Bewegungen die fertig entwickelten Eier durch die Geschlechtsöffnung in die Bauchtaschen. Dabei lösen sich die geleeartigen Samenpakete auf und es kommt zur Befruchtung der Eier. In diesen Bauchtaschen verbleiben die Eier bis zum Schlupf der Jungtiere nach ca. drei bis fünf Wochen. Gelegentliches Sortieren und Putzen gehört zu den Mutterpflichten, ebenso wie die regelmäßige Sauerstoffversorgung der Eier durch Wedeln der Schwimmbeinchen. Sind einige Eier nicht befruchtet, werden diese von der Mutter innerhalb weniger Tage aussortiert. Ist die Mehrzahl unbefruchtet, so wird sie versuchen, alle abzustoßen und man sieht manchmal nur noch ein oder zwei verbleibende Eier in den Bauchtaschen, oder sie häutet sich, wobei sie dann alle Eier auf einmal los ist, da diese an der Haut hängen bleiben. Sie befreit sich im Übrigen auch bei anderen Problemen von ihrem zukünftigen Nachwuchs, es könnte also ebenfalls ein Zeichen dafür sein, dass sie mit sich selber zu kämpfen hat und nicht bereit ist für das anstrengende Austragen der Jungtiere.

Foto: F. Bitter

Was tun mit einem eiertragenden Garnelenweibchen?

Beim Anblick eines tragenden Weibchens stellen sich oftmals hektische Reaktionen seitens des Aquarianers ein, doch keine Panik, alles ist in bester Ordnung. Das Beste für die werdende Mutter und den zukünftigen Nachwuchs ist es, das Weibchen einfach im Becken zu belassen und in Ruhe abzuwarten. Jegliche Kescheraktion mit anschließender Überführung in ein separates Aufzuchtbecken führt unter Umständen dazu, dass sich das Weibchen aufgrund der nicht identischen Wasserwerte in beiden Be-

cken häutet, wodurch die am Panzer haftenden Eier verloren wären. Auch stoßen nicht selten umgesetzte Weibchen durch den Stress ihre Eier ab und die Hoffnung auf Nachwuchs ist dahin.

Wenn sich zu erwartende Verluste, z.B. durch Fressfeinde, in Grenzen halten sollen, kann man das Garnelenweibchen in einen altbewährten Laichkasten setzen. Die Öffnungen verschließt man mit einem feinmaschigen Netz (auf gute Wasserzirkulation achten), etwas Javamoos hinein und fertig. Wir ha-

Foto: C. Lukhaup

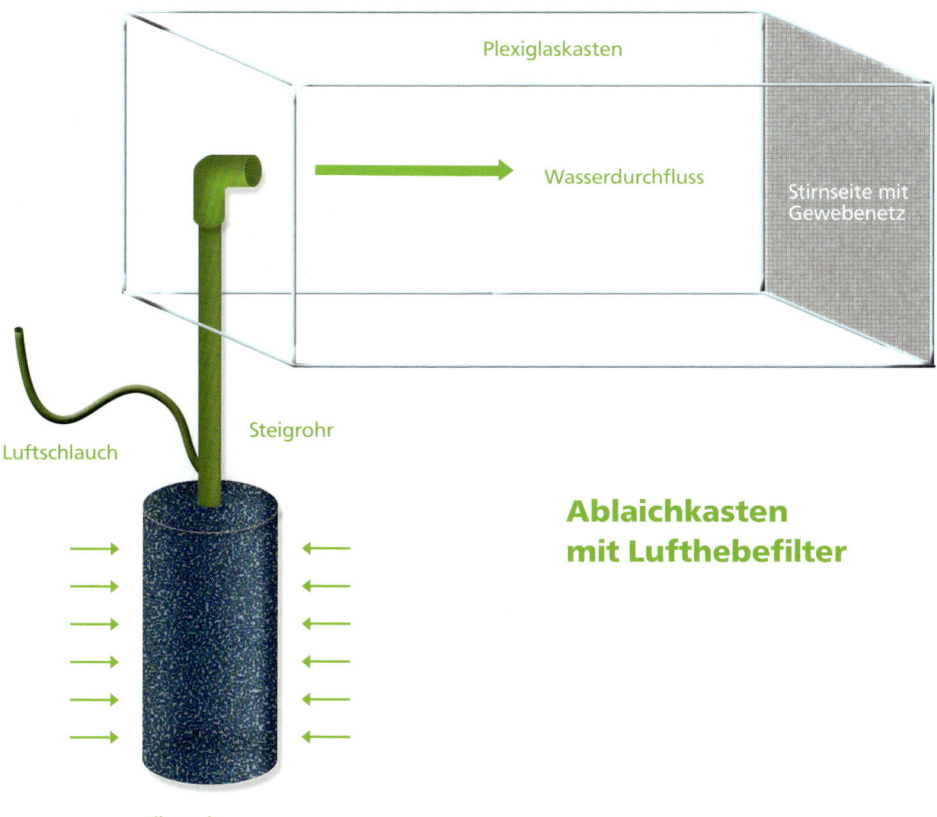

Plexiglaskasten

Wasserdurchfluss

Stirnseite mit
Gewebenetz

Steigrohr

Luftschlauch

**Ablaichkasten
mit Lufthebefilter**

Filterschwamm

ben uns damals einen Einhängekasten mit Lufthebefilter selbst gebastelt und das hat prima funktioniert. Jeder mit etwas Geschick bekommt so was hin und wenn nicht, gibt es diese Einhängekästen mittlerweile auch zu kaufen.

Dies gilt aber natürlich nur für Garnelenmütter, die dem „spezialisierten" Typ angehören. Beim „primitiven" Typ schlüpfen freischwimmende Larven mit Schlupfzahlen bis in den vierstelligen Bereich. Da-

für wäre ein kleiner Kasten sicher viel zu eng und außerdem müssen die Larven vieler Arten ja im Salzwasser großgezogen werden. Da das also im Heimatbecken nichts wird, würde einem nur bleiben, ein extra Aufzuchtbecken zu verwenden. Natürlich kann man auch versuchen, sich ein wenig mit den anderen Bewohnern im Becken zu freuen. Viele entwickeln einen richtigen Heißhunger auf diese Zwischenmahlzeit.

Die Kleinen
sind da!
Was muss ich tun?

auch recht gute Ergebnisse erzielen, aber die Erfolgsquote lag doch immer deutlich hinter den Erwartungen zurück. Die Larven sind sehr empfindlich und die größte Schwierigkeit ist unserer Meinung nach die richtige Fütterung, da sie sich ausschließlich von Plankton und das auch noch in der, dem jeweiligen Larvenstadium angepassten Größe, ernähren.

Bei den Jungtieren der „spezialisierten" Typen sieht die Sache schon viel rosiger aus. Sie lassen sich leicht mit feinem Aufzuchtfutter/Staubfutter für Ziergarnelen versorgen. Dadurch bekommen sie immer etwas ab, egal wo sie im Becken sitzen.

Auch in Gesellschaftsbecken kommen bei guten Versteckmöglichkeiten in der Regel genügend Tiere durch. Allerdings wird man sie in den ersten Tagen und Wochen nur sehr selten zu Gesicht bekommen, die Kleinen sind Meister des Versteckens. Vor ihren eigenen Eltern haben die

Ein perfektes Abbild seiner Eltern – eine wenige Tage alte „Crystal Red".

Ach ja, die lieben Kleinen, man hat so seine liebe Not mit ihnen, dies gilt besonders für die Nachkommen des „primitiven" Fortpflanzungstyps (die mit den vielen kleinen Eiern). Was haben wir nicht schon alles versucht, um ihnen ein vorzeitiges Ende zu ersparen. Zwar konnten wir in der Vergangenheit

84

Kinder der meisten Arten nichts zu befürchten. Es gibt aber auch räuberische, z.B. unter den *Macrobrachium*-Arten, da sollte der Nachwuchs auf der Hut sein.

In den ersten Tagen wachsen sie bei guten Bedingungen recht schnell. Stimmt etwas nicht, wachsen sie kaum und sterben oft bei der Häutung, da sie nicht aus der alten Haut rauskommen und wie in einer Zwangsjacke gefangen sind. Vorbeugend empfehlen wir etwas Laub im Becken, für ausreichend Sauerstoff zu sorgen und lieber häufiger kleine Wasserwechsel zu machen als nur einmal in zwei Wochen.

Bis zur Geschlechtsreife nach ca. zwei bis drei Monaten sind alle Jungtiere männlich, erst dann bildet sich das andere Geschlecht heraus. Informationen eines Biologiestudenten zufolge, dass Garnelen sogar ein Leben lang ihr Geschlecht ändern können, wagen wir derzeit weder zu bestätigen, noch zu dementieren. Es gibt noch viel Geheimnisvolles an unseren Lieblingen zu entdecken.

Schnecken, Planarien und andere Plagegeister

Wenn sich in die oft so liebevoll eingerichteten Becken schon nach kurzer Zeit ungebetene Gäste eingeschlichen haben, platzt manchem schnell die Hutschnur und die Gesichtsfarbe wechselt von rosig zu rot. Wer eine Person mit diesem Verhalten vor einem Aquarium beobachtet, dem sei hier wärmstens empfohlen, sie unter keinen Umständen anzusprechen nach dem Motto: *„Och, was sind denn das für niedliche Würmer?"* – Betrifft es einen selbst, gilt: Tief durchatmen und Ruhe bewahren. Die meisten dieser kleinen Schleimer, hüpfenden Punkte oder dünnen Würmchen sind absolut harmlos und nur selten gänzlich zu verhindern.

Meist werden solche zusätzlichen Bewohner mit Pflanzen, Lebend- oder Frostfutter, oder auch Dekomaterialien, wie z.B. Wurzelholz und Steinen, ins Becken geholt.

Ausnahmen sind hier Planarien und Hydren. Sie stehen in Verdacht,

unseren Lieblingen Böses anzutun und auch wir haben die Erfahrung gemacht, dass in einem Becken mit Planarien kaum noch Junggarnelen durchkamen. Erst nach erfolgreicher Behandlung mit Flubenol (Verschreibungspflichtiges (Tierarzt) Medikament als Wurmkur bei Hunden und Katzen), welches das Becken planarienfrei machte und für Garnelen nach unserem Kenntnisstand völlig problemlos ist, kamen wieder Jungtiere durch. Allerdings vertragen die meisten Schneckenarten Flubenol ebenso wenig wie die Planarien und so sollte man eventuell lieb gewonnene Schnecken für eine Woche ausquartieren.

Anwendungsbeispiel: Für ein 100-Liter-Aquarium 0,4 Gramm Flubenolpulver 5% (Wirkstoff: Flubendazol) in einem Becher mit Wasser auflösen und ins Becken geben. Vier bis fünf Tage wirken lassen, danach großzügigen Wasserwechsel machen, zwei Tage später ruhig

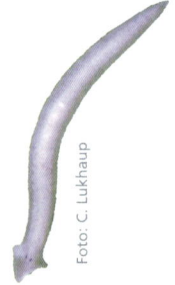

Foto: C. Lukhaup

Planarien stehen im Verdacht, sich an Garnelen bzw. an deren Nachwuchs zu vergreifen.

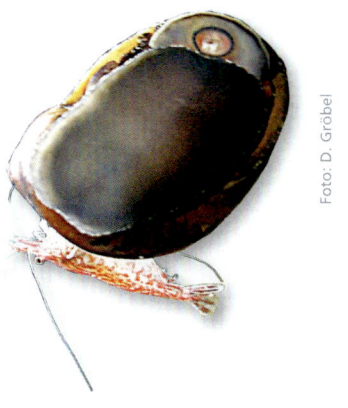

Foto: D. Gröbel

noch einmal etwas Wasser tauschen.

Hydren sind kleine Nesseltiere, die mit ihren giftgefüllten Nesselkapseln kleinste und kleine Mikroorganismen erbeuten. Für größere Garnelen sicher kein Problem – sofern die Hydren nicht als ganze Rasenflächen im Aquarium auftauchen – für den frisch gelüpften Nachwuchs aber durchaus eine Gefahr. Auch hier hilft das oben schon erwähnte Flubenol in gleicher Anwendung nach unseren Beobachtungen sehr rasch und effektiv.

Selbstverständlich gibt es auch andere Mittel gegen Krankheiten und Plagegeister, wobei diese aber häufig auch für Garnelen nicht unproblematisch sein können. Tödlich wirken z.B. meist Schnecken- und Algenmittel, also hier bitte unbedingte Vorsicht walten lassen!

Opa, sieh zu! Eine Frechheit, hier im Schneckentempo rumzuschleichen.

Schnecken sind „Ansichtssache". Eigentlich gehören sie in ein Ökosystem und sind keine Gefahr für unsere Lieblinge.

Krankheiten und Probleme

Leider sind auch die Garnelen nicht unsterblich und so kann es dazu kommen, dass man eines Tages voller Sorge in sein Becken blickt, den Kopf senkt und nicht mehr weiter weiß. Wie gerne würden wir jedem eine solche Erfahrung ersparen, doch vieles ist noch nicht erforscht und daher bleibt die Suche nach der jeweiligen Ursache manchmal erfolglos.

Die häufigsten Gründe für ein frühes Ableben bei Garnelen sind aber unserer Meinung nach Haltungsfehler, auch wenn das sicher niemand gerne hören möchte. Echte Krankheiten sind bei Garnelen eher selten und auch Parasiten- oder Bakterienbefall macht im Verhältnis

nur einen geringen Prozentteil aus. Also vielleicht doch noch einmal schauen, ob der Fehler nicht vielleicht an einem selber liegen könnte, es erspart unter Umständen künftigen Bewohnern dasselbe Schicksal.

Ein Beispiel: Man hat sich angewöhnt, viel zu füttern, wodurch das Wasser stark belastet wird. Den Garnelen sieht man nichts an und so glaubt man, alles richtig zu machen. Eines Tages füttert man ein bisschen mehr als üblich und das Wasser kippt um (zuviel Schadstoffe, zuwenig Sauerstoff, Selbstreinigungsprozesse nicht mehr mög-

Wuhää..., wir wollten doch noch Schnecken schubsen und bei Susis Fete Algenbowle schlürfen...

lich), wobei in Folge fast alle Garnelen tot am Boden liegen.

Schwer zu glauben, dass nur ein paar Krümel mehr Futter Schuld daran sein sollen, aber ein schneller Wasserwechsel ist in diesem Fall hilfreicher als die Schuldzuweisung an eine Krankheit.

Gleich an zweiter Stelle bei den Todesursachen stehen Vergiftungen durch Schwermetalle, Medikamente, Algen- und Schneckenmittel etc. Garnelen reagieren oft besonders empfindlich auf derartige Dinge bzw. gewisse Inhaltsstoffe. Schon geringe Spuren von z.B. Kupfer können dem gemütlichen Garnelentreiben ein Ende bereiten. Es reichen Werte, die mit den herkömmlichen Tests aus dem Handel nicht nachweisbar sind und so ist jeder, der Kupferleitungen oder Durchlauferhitzer im Haus hat, zur besonderen Vorsicht angehalten. Für den regelmäßigen Wasserwechsel empfiehlt es sich in diesen Fällen, das Wasser vor der

Verwendung einige Zeit ablaufen zu lassen, da sich stehendes Wasser in den Leitungen mit Kupferionen anreichern kann.

Die in den meisten Pflanzendüngern enthaltenen Spurenelemente an Eisen oder Kupfer sind in der Regel ungefährlich und auch wir düngen einige unserer Becken. Hier gilt aber vorsichtig zu sein und die empfohlene Dosierung nicht zu überschreiten. Am besten man fängt mit geringer Dosis an und beobachtet, ob die Garnelen auffällig werden.

Bei Behandlungen mit Schnecken- oder Algenmitteln sowie Medikamenten ist oberste Vorsicht geboten. Man beginnt am besten auch hier mit geringer Dosierung und beobachtet seine Schützlinge genau, ob sie sich ungewöhnlich verhalten. Ist dies der Fall, müssen sie entweder aus dem Becken genommen werden, oder man verzichtet auf eine weitere Behandlung. Dann aber schnell einen großen Wasserwechsel machen.

von links:
Schwermetalle bedeuten den sicheren Tod einer Garnele.

Auch das kann vorkommen – ein Großteil der Eier ist abgestorben bzw. wurde nicht befruchtet und geht bei der nächsten Häutung des Weibchens verloren.

Tipp:
Um Geldbeutel und Umwelt zu schonen, einfach den geplanten Wasserwechsel auf die Zeit kurz nach dem Duschen verlegen. Dann ist das Wasser mit Sicherheit nicht mehr mit Kupfer belastet.

Brandflecken- oder Rostkrankheit

Eigentlich eher eine Krebskrankheit, sie befällt aber auch Garnelen. Hervorgerufen durch einen Fadenpilz, zeigen sich dann braune und schwarze Flecken auf dem Panzer und den Beinen. Weil Behandlungsmethoden noch nicht gesichert sind, sollten befallene Tiere umgehend aus dem Becken entfernt werden, da eventuell eine Ansteckung der Tiere untereinander durch den Verzehr verendeter Tiere stattfindet. Zu lesen ist auch, dass Erlen-, Eichenlaub oder Seemandelbaumblätter der Krankheit entgegenwirken sollen.

Milchiges Aussehen, apathisches Verhalten

Es kann eine Art Vergiftung, ein Häutungsproblem oder bakterieller Befall sein. Das Fleisch der Garnele wird orange milchig, sie wird träge und die Gliedmaßen zeigen zunehmend Lähmungserscheinungen. Die Tiere fallen manchmal regelrecht um und beim Schwimmen kaum noch von der Stelle kommend, versuchen sie sich an das Nächstbeste zu klammern, haben aber auch dafür kaum noch Kraft.

Sie kauern dann manchmal Tage an einer schattigen Stelle, bis sie schließlich verenden. Ursache und Heilung sind unbekannt, in manchen Fällen könnte es am Holz oder am Bodengrund liegen. (Siehe S. 52, *Bodengrund* und S. 53, *Holz*.)

Aber Vorsicht: Nicht gleich in Panik geraten, wenn eine Garnele ein solches Verhalten an den Tag legt. Die Vorbereitung zur Häutung lässt sie manchmal ähnlich aussehen und apathisch erscheinen.

Caridina logemanni „Crystal Red" auf einer Mooskugel.

Taumelnde und zuckende Bewegungen

Sehr wahrscheinlich liegt eine Vergiftung durch das Einbringen von neuen Pflanzen, Medikamenten oder Schneckenmitteln etc. vor. (Siehe S. 54, *Pflanzen*.)

Missbildungen

Hin und wieder kann es nach der Häutung zu Missbildungen oder dem Fehlen von Gliedmaßen kommen. Diese Probleme entstehen bei der Häutung selbst, oder durch Angriffe anderer Bewohner. Es kann bei Attacken unmittelbar nach der Häutung zu Deformationen oder zum Abtrennen einzelner Körperteile kommen, weil der anfänglich noch recht weiche Panzer sehr empfindlich ist und einem Streit nichts entgegenzusetzen hat. Wenn die Behinderungen nicht zu stark sind, kann ein solches Tier durchaus weiterleben. Fehlende Gliedmaßen und Missbildungen sollen sich dann bei den nächsten Häutungen wieder regenerieren. Das im Bild gezeigte Tier hat nach Problemen mit der Häutung deutliche Missbildungen im Frontbereich des Kopfes und der Antennen. Auch die Beine und Scheren sind erheblich in Mitleidenschaft gezogen, sodass das Tier wahrscheinlich an nicht möglicher Nahrungsaufnahme einging.

Missbildung im Frontbereich des Kopfes, der Beine und Scheren.

Neue Pflanzen im Garnelenbecken

„Neu eingebrachte Pflanzen in einem Garnelenaquarium können zu ernsthaften Problemen führen?" Was sich zuerst merkwürdig anhört, verlangt bei genauerer Betrachtung doch eine gewisse Vorsicht. Vorab sei bemerkt, dass es hier nicht um Pflanzen geht, die aus einem bestehenden Garnelen- oder Fischaquarium umgesetzt werden, sondern vornehmlich um Topf- und Stängelpflanzen, die frisch aus dem Handel kommen. Einige Großgärtnereien verwenden Schnecken- und Algenmittel bzw. andere Pestizide, die dann an den Blättern der Pflanzen haften. Auch müssen Pflanzen aus dem außereuropäischen Ausland vor Reiseantritt meist entsprechend behandelt werden, um Schädlingseintrag nach Europa zu verhindern. Das Einbringen solcher Pflanzen, denen man natürlich nichts ansieht, kann sehr schnell zu Vergiftungserscheinungen bei den Garnelen führen, was in der Folge meist mit dem Tod der Tiere endet. Die Menge der genannten Stoffe ist natürlich sehr klein und speziell und hat keine Auswirkungen auf den Menschen, Fische oder andere höhere Wirbeltiere. Allerdings sind sie genau auf Wirbellose ausgerichtet, zu denen ja auch Schnecken, Käfer, Raupen etc. und eben auch Garnelen zählen. Aus diesem Grund erklärt sich die hohe Unverträglichkeit bei unseren kleinen Schützlingen.

Was kann man also tun?

Ist man sich der Herkunft bzw. der Tatsache, dass die Pflanzen aus unbelastetem Wasser stammen, nicht vollständig sicher, empfiehlt es sich, die Pflanzen bei täglichem Wasserwechsel für eine Woche in einem Gefäß unter Licht (Fensterbank) zu wässern. Anhaftende Bestandteile lösen sich so von der Oberfläche und die Pflanze hat die Möglichkeit, über den Stoffwechsel eventuell aufgenommene Stoffe wieder an das Wasser abzugeben. Danach steht einer Neubepflanzung des Aquariums – unserer Erfahrung nach – nichts mehr im Wege.

Schlussbemerkung

Wir hoffen, Dir mit diesem Buch einen kleinen Einblick in die Ziergarnelenwelt gegeben zu haben. Die enthaltenen Angaben und Informationen beruhen auf unseren eigenen jahrelangen Erfahrungen und den Berichten befreudeter Garnelenzüchter, mit denen wir in ständigem Kontakt stehen.

Auch möchten wir darauf hinweisen, dass wir angesichts der Vielzahl von Garnelenarten, die sich rund um den Globus entwickelt haben, nicht den Anspruch auf Vollständigkeit erheben und sich Inhalte auf die zurzeit bekannten Arten im Fachhandel beziehen.

Nun wünschen wir aber viel Spaß beim Beobachten und Pflegen dieser putzigen Gesellen und hoffen, dass etwas von unserer Begeisterung für diese Tiere übergesprungen ist.

Carsten und Frank Logemann

Dähne Fibeln =

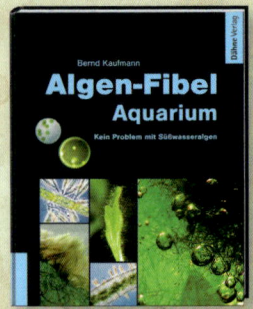

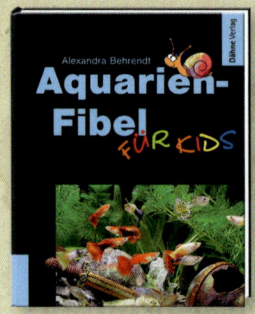

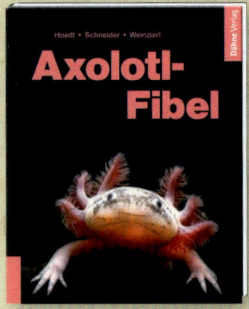

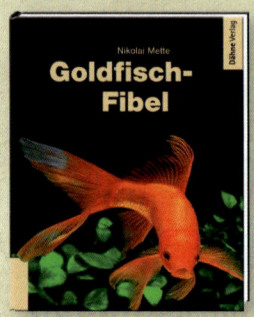

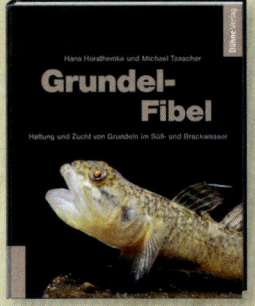

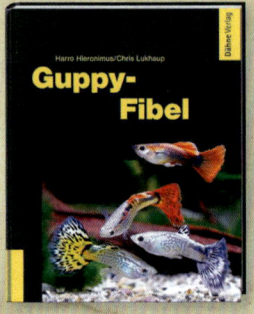

www.daehne-aquaristik.de

Wissen mit Spaßfaktor

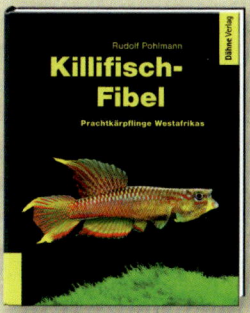
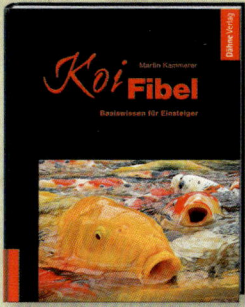

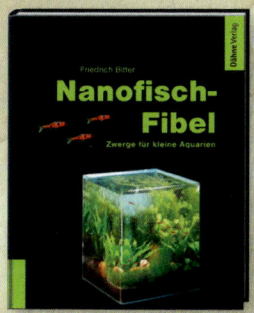